後藤克典、Office J.B 著　劉佩宜 譯

來當一日
埃及人

CG世界遺産 古代エジプト

序

為了感受四千年前古埃及人的氣息……

西元前曾經存在過不少古文明。其中，並列為四大古文明之一的古埃及文明，可說是最吸引世人的目光！這或許是因為古埃及文明對現代人充滿異國情趣，呈現出迥然不同的文化世界所致。再加上，不少遺跡至今仍保存完好或也是引人注目的原因。

巨大的金字塔、雄偉壯麗的人面獅身像、為數眾多的神廟、國王谷內華麗的陪葬品……這些數千年前不假機械而完成的偉大建設，令人稱奇且讚嘆不已。

事實上，也有傳說說這些偉大的建築是外星人所為，或許這樣的想法也不是毫無道理吧！不過，也有不少人認同（能夠理解），迄今仍巍巍聳立在吉薩台地上的三大金字塔群，這些令人無法置信、為數眾多的巨大遺跡的的確確是人為的傑作。

究竟這些「遺跡」在當時是以何種樣貌呈現？對當時的人又具有什麼樣的意義？這種種謎團或許能從專家的研究報告中得到不少解答，儘管如此，總還是覺得欠缺一點真實感，無法完全勾勒出當時的全貌。

這點遺憾終於可以在埃及古國徹底從歷史上消失兩千年後的今天，運用最新的多媒體科技獲得解決了。本書就是由日本電腦繪圖（Computer Graphics, 簡稱 CG）大師後藤克典，以專業精湛的技術，試著如實地將數個古埃及遺跡重現世人眼前。

當然 CG 科技不是萬能的魔法棒，不過就是讓我們假設在現實的空間裡「重現歷史」而已。本書中所呈現的立體圖像，主要是以各種資料、專家學者的研究報告為基礎，加上本書編輯群獨特的解讀所繪製而成。由於古埃及文明迄今仍有諸多尚未完全明瞭之處，所以現階段仍無法徹底如實地呈現當時原貌，另外礙於實際出版限制，不得不有所割愛，僅挑選幾個主題作介紹。

儘管如此，本書企圖以另類方式來深入探討古埃及文明。對當時的埃及人而言，這些「遺跡」其實是他們生活中實際存在的建築，為了讓讀者能夠感同身受，本書努力掙脫「遺跡」的刻板印象，企圖從最接近其真實樣貌的方式，將數千年前曾經璀璨耀眼的埃及古文明再度重現讀者眼前，期盼透過本書得以帶領讀者們神遊於令人讚嘆的古埃及文明中。

目次 Contents

CG

第一篇

金字塔

金字塔號稱世界最大規模的建築遺跡，更是古埃及建築的代表。

古埃及最早出現的金字塔是卓瑟王時期所興建的階梯金字塔，完成於西元前 2650 年。之後長達一千年建造出許多金字塔。其中規模最大的是古夫金字塔，在 1889 年巴黎艾菲爾鐵塔完成之前，有長達四千年以上的時間，古夫金字塔連續榮登人類史上最高建築物之寶座。

過去一直將金字塔視為法老王的陵寢，但根據近代的學術研究，有學者認為金字塔並非真的只是作此用途而已。那麼，金字塔的作用究竟為何？對當時的埃及人而言，它的存在又具有什麼樣的意義呢？

本書將帶領您欣賞埃及最具代表性的金字塔今昔的風華，解開其建築構造以及存在意義。

吉薩金字塔群

世界最大的建築遺跡

金字塔，巨大得令人驚嘆不已的正四角錐體建築物，從古至今始終都是埃及最顯著的象徵。

特別的是，無人不曉的吉薩大金字塔群，就位在現今的埃及首都開羅市西側不遠處，而且二十一世紀的今日仍然可以看到它雄偉壯麗的身影。

聽到「金字塔」這三個字，一般人立刻會聯想到吉薩的大金字塔群。不過現在我們所統稱的「金字塔」群，在古埃及則是各自有不同的名稱。像吉薩大金字塔群原來的名稱有「偉大的建築」、「太陽出沒之處」等意思。而「金字塔」一詞則源自於希臘語。

還有，過去我們一直以為這些巨大的金字塔群是靠著幾十萬奴隸流血流汗建造而成的王陵。但是根據近年最新的發掘調查與各種研究結果顯示，以上這種說法已經過時落伍了。也就是說，興建這些巨大金字塔群的是當時的一般埃及人民，而這些曾被視為法老王陵墓的建築群也並非只是單純的陵寢。那麼，吉薩大金字塔群到底是怎樣的建築呢？

曼卡拉金字塔

古名為「曼卡拉王即神聖」，金字塔底部
為 102.2×104.6 公尺、高 65-66 公尺，規
模最小，僅古夫金字塔的十分之一。

卡夫拉金字塔

卡夫拉王所建造的金字塔，古名為「卡夫拉王即偉
大」之意，金字塔底部長 215 公尺、高 143.5 公尺，
建造在比古夫金字塔高約 10 公尺的岩石上。

古夫金字塔

由西元前 2551 年即位的古夫王所建造的「大金字塔」，底部長約 230 公尺、高約 150 公尺，是古埃及規模最大的金字塔，在第四王朝時稱為「古夫地平線」。

CG

BC.2500

這是上一頁現代吉薩在距今約四千五百年前，即三大金字塔建造時的想像圖。在過去，其周邊一帶應該都是尼羅河氾濫形成的肥沃土地，就地勢來看，金字塔所在的吉薩台地應該就像現今所見那般是一片荒蕪。在金字塔的前方，即是引尼羅河水而成的河道，船運貨物就從河道前方的河岸神廟卸貨上岸。

利用 CG 技術
重現吉薩金字塔群

　　吉薩金字塔群並不是單一的建築體，而是包含大金字塔在內的複合建築物所構成的大型祭祀設施，所以在此我們將之稱為金字塔複合建築群。

　　從開羅市中心往西橫渡尼羅河，就會看到緩緩傾斜的台地上聳立著三座金字塔。由北而南依序是「古夫金字塔」、「卡夫拉金字塔」、「曼卡拉金字塔」。根據相關史料佐證，這些金字塔大約是在西元前兩千五百年（即距今約四千五百年前）依序由三位法老王興建而成。不過，一般人印象中以為金字塔是法老王陵墓的說法可能只是以訛傳訛。這個說法是根據西元前五世紀，一位曾造訪埃及的希臘歷史學家希羅多德所撰寫的紀錄而來的，事實上就連希羅多德本人也只是聽了當時埃及祭司的描述而寫下來的，在撰書當時，其實已距離金字塔發展期晚了兩千年以上。這就好比是現代的日本人企圖藉由「古墳時期」的遺跡去勾勒日本古代歷史一樣，其可信度令人質疑。

　　儘管如此，後世的人根據這段記載發展出，像是巨大的金字塔裡埋葬著法老王的棺槨、裡面有為數可觀的金銀財寶等等的傳說，還有許多人甚至為了解開傳說中被施加魔法的寶藏而絞盡腦汁。事實上，至今仍未有任何有力的證據可以證明這些金字塔只是單純的墳墓而已。

　　在古夫金字塔中央處有一間稱為「國王墓室」的房間，裡面只擺了一件長方形的石箱，叫作「國王石棺」，長約 165 公分，其大小僅能勉強擺下一個人，既沒有蓋子，也沒有任何裝飾圖案，這樣簡陋的石棺，很難令人相信這會是耗費龐大人力興建巨大金字塔的法老王墓室。另外，在其墓室下方和地下還有幾間小隔間，這些房間也都十分簡陋，在在讓人存疑，無法想像這會是偉大法老王的陵寢。

　　幾年前日本早稻田大學埃及調查團隊曾利用超音波感應器探勘金字塔，因而發現到幾處新的空間，不過人們對金字塔的瞭解，就好比那些堆積金字塔的石塊數一樣，至今仍存在著諸多無法解決的謎題有待考查。雖然眾說紛紜，最近卻有一種說法得到不少學者認同，那就是金字塔並不是單一存在的建築物，而是與其周邊附屬的各種設施串連成一個複合式的建築群。

　　除了這裡提到的三大金字塔群之外，後面章節將介紹幾座金字塔，以及古埃及人稱做「Tomb Chapel」一直被廣泛興建的墳墓建築，雖然規模較小，但都在建築物的頂部裝飾了四角錐體的金字塔。

吉薩金字塔群的
結構及地形

目前最新的學說主張，巨大的金字塔並非只是作為法老王的陵寢，而是包含陵墓機能的大型宗教性質的複合建築設施。主要是近年來三大金字塔及其周圍的遺跡群——發掘出土，而讓學者重新思考定義金字塔。

首先，讓我們從金字塔的配置結構來分析。金字塔群所在的吉薩台地，並不會遭受為埃及帶來豐收的尼羅河每年氾濫造成的淹水之苦；相反地，利用氾濫期間上漲的河水，剛好可以將建造金字塔所需的石材，從上游用船運到台地。在靠岸處建造一條斜坡道將石材搬運到工地。考古學家在推測石材上岸處挖掘出一座「河岸神廟」遺跡，目前此處正在進行復原整建中。

從斜坡道往上走，可以抵達金字塔的正前方，這裡有一座稱作「祭殿」的美麗建築物。而在巨大的金字塔四周則分布著許多小型陵墓，有被稱作「Mastaba」（石室墳墓，阿拉伯語意為「長凳」）的貴族們的陵墓，還有一些埋葬公主、王妃的小型金字塔。正中央處則是高高聳立著可以眺望尼羅河氾濫情景的人面獅身像。

由此而知，各個金字塔應該是法老王各自立銘文建造的。不過從現今出土的遺跡分布來看，這裡的建築群極有可能帶有某種宗教意涵，而以「金字塔複合建築群」的概念規畫興建而成的。

如果金字塔群真的是作為複合式宗教設施，那麼就不難想像這裡並不只是法老王、王公貴族，同時也是當時埃及人民的信仰中心。

另外，近年來不斷有一些可以反映當時從事金字塔建設的勞動者在此生活的遺跡出土，所以有學者認為，金字塔的建造工程，解決了多數農民因為長達數月的尼羅河氾濫而無法從事農耕所導致失業的社會問題。

這些人民分派到建築工地附近的村莊居住，在那裡可以把他們的妻兒接來同住；還有醫療設備可供利用；另外還可享有假日休息。雖然金字塔的建設工作並非輕鬆事，不過對農民而言，能夠在無法從事農作的空閒時期，還擁有一份足以養家的收入，畢竟算是一件好差事。

當時在神格化的法老王徵召下，埃及人民奉獻出他們虔誠的信仰和勞動力來為法老王效力，透過勞動，人民得到天神（法老王）有形與無形的報酬。不難想像當時的百姓是何等榮耀地傾全副心力來貢獻一己之力呀！

金字塔就是在埃及人民對「國王（法老王）＼神」的服侍，與求功德的虔誠信仰下，流汗辛勞建造而成的建築物。埃及人民那份純粹的信念，就好比那一塊塊堆積而上無以計數的金字塔巨石般，或許這一點才是世人總被金字塔的魅力深深吸引的真正原因吧！

曼卡拉金字塔

卡夫拉金字塔

古夫金字塔

祭殿

通道

河岸神廟

人面獅身像

王妃陵墓群

貴族平頂石墓群

N

吉薩金字塔群分布圖

「基本方位」的概念可說是吉薩金字塔群重要的建築元素。例如，古夫王金字塔的側面有意識地朝正北方興建（圖面右側）；三座金字塔的東南方均位在同一對角線上；另外，古夫王金字塔與卡夫拉王金字塔西側（圖面上側）也和卡夫拉王金字塔及曼卡拉王金字塔的祭殿正面位在同一軸線上；而卡夫拉王金字塔的南側則與人面獅身像的南面牆位在同一軸線上。

金字塔的構造

河岸神廟

　　就如字面之意，是面對河口或運河興建，作為金字塔的入口玄關，鋪有一、二條斜坡道以連接金字塔，其內部大多由前房或前廊，以及中央的大房間、倉庫所組成。殉葬儀式進行時，法老王的遺體由船運抵河岸神廟，在這之前遺體並未做完整的處理，在抵達神廟後才進行內臟的清理、乾燥等製成木乃伊的相關作業。所以，過去便是將河岸神廟視為製作木乃伊的場所。不過截至目前為止，在八處已經發掘調查過的神廟遺跡裡，並未找到任何與製作木乃伊有關的遺物。

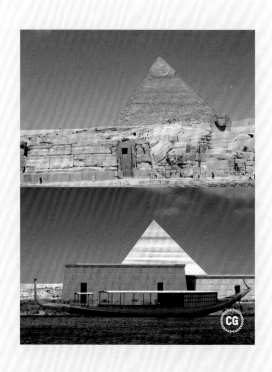

通道與祭殿

　　從河岸神廟接連到祭殿的通道，一般是覆以屋頂，外側飾以浮雕。通道長度不一，最長的通道長達 739.8 公尺。通道正前方的祭殿又稱作金字塔神廟。長久以來被認為是作為法老王殉葬儀式用，但是神廟裡的房間大小與門的寬度，對殉葬儀隊的通行顯然過於狹窄，因此目前學者普遍認為這可能是作為追思法老王與神祇用的禮拜堂。此外，神殿的隔間大小與王室規格大致相同，所以也有可能是作為已故法老王的「永遠的家」。

王妃陵墓

　　在古夫金字塔與卡夫拉金字塔旁，各有三座王妃陵墓。古夫王的王妃金字塔，底部的寬度與高度似乎刻意設計成只有古夫金字塔的五分之一大小，並且也有像祭殿般的小禮拜堂，墓室並不在金字塔地面上，而是設在地下。而卡夫拉王王妃陵墓內有一座小金字塔，內部擺放有一具石棺。至於另外兩座金字塔，至今仍無法確定當初是否完全竣工，以及是否預定建成梯級金字塔。

貴族平頂石墓

　　為埋葬一些表現優異受國王賞識的臣子、王族、地方首長或總督、顧問等人的石室墳墓。這些石墓外壁略帶斜度，由石磚砌成，有地下通道直通墳墓內部，下方即為墓室。

　　石室墳墓要比金字塔更早出現，這類石墓最大特色就是，在墓室通道的側面鑿溝，加裝了可上下移動的石板作為活動門。初期的石墓中也有一些是法老王的陵墓。附帶一提，石室墳墓（Mastaba）一字，阿拉伯語的意思是「長凳」，因為形狀類似而得名。

吉薩金字塔群
鳥瞰圖

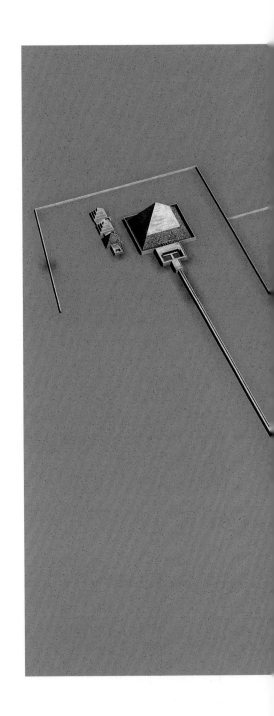

　　建造由平滑的石灰岩堆砌而成的金字塔，在陽光的照射下想必是眩目而華麗的吧！金字塔是由帶神化色彩的國家統治者法老王所興建的，同時也象徵著古埃及的太陽神信仰。

　　古埃及人認為墳墓代表「永遠的家」，所以會在墳墓裡準備好各種足以讓死者在此地繼續生活的民生物資。

　　可是在吉薩的金字塔（「國王之家」），還包括了作為警衛的河岸神廟、正面入口處的小房間、中庭、會客室，以及相當於餐廳的金字塔神廟等建築，金字塔內部充其量不過是一間私人房間，並未見任何的陪葬物。換言之，金字塔並非是單獨存在的建築物，而是包含其他附屬設施的複合式建築群。

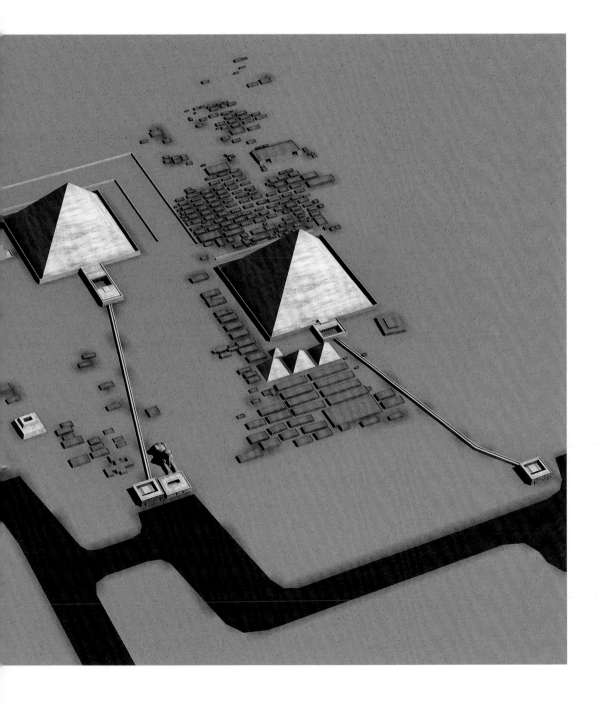

BC.2500

古夫金字塔

埃及史上最大的金字塔

AD.2005

轟立在吉薩台地最北方，號稱「吉薩第一大金字塔」的古夫金字塔，從地面看來像是三座金字塔中規模最小，其實它可是三座中規模最大的金字塔。

其完美均等的四角錐體，堪稱真正的金字塔。據推測金字塔在建造完成時，表層覆蓋了光亮平滑的石灰岩，頂端更以黃金裝飾，在陽光照射下閃閃發亮、耀眼奪目。據估計，金字塔是用高達 260 萬的石灰石堆砌而成，不過現存的金字塔頂端缺毀了約 9 公尺之多。

埃及史上最大的金字塔
古夫金字塔的構造

規模

　　現存塔底部每面的長度為 212.48 公尺，高為 146 公尺，據估計興建時，底部每面的長度為 230.33 公尺，高度為 149.59 公尺，大約使用了 260 萬塊的巨大石塊，每塊石塊平均重約 2.6 噸，再加上底部所需的大型裝飾石塊，可以推測出建造時每天動用的人力高達數萬人之多。希臘歷史學家希羅多德認為該工程動用了 10 萬人，歷時 20 年完成。話雖如此，其實金字塔核心部分卻出乎意料地極為簡樸，僅僅用簡單切割而成的石塊堆砌，再塗上石膏泥漿加以固定而已，所以估計起來每天大約動用 2 至 2.5 萬人力來興建。

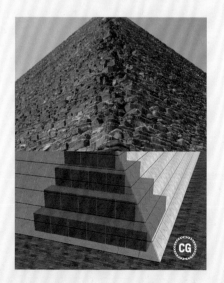

建材

　　金字塔所用的石材主要是台地上所產的石灰岩。不單單是古夫金字塔，所有的建築工程都期望可供應大量石材的採石場能夠靠近工地，因此在選擇興建地點時，採石場的位置以及該地石材的材質都是重要的考量因素。

　　金字塔興建時約有三至五成的石材在切割時被捨棄不用，而大部分的石材應該是直接就近處理掉，另外最外層可作裝飾用的上等石灰岩，則是由尼羅河對岸的圖拉（Tura）採石場所生產的。

古夫金字塔內部構造圖

　　從入口緩緩下坡，經過寬與高約 1 公尺左右的上層通道，即來到高為 8.7 公尺的大甬道，迴廊下方即是「王后墓室」，盡頭處就是擺放著法老王棺槨的「國王墓室」，墓室上方則是天花板使用了 50 至 80 噸重的石塊所建造的「減壓室」。此外，從入口往下層通道前進，在盡頭處有一地下室。另外這裡的石棺和「國王墓室」均使用紅色花崗石。

古夫金字塔 VS.日本當代建築

　　建造於距今四千五百年前的古夫金字塔，不僅在古埃及，就是和現代建築相較也不遜色。比高度的話，雖然世界上像東京都廳這樣的超高大廈為數頗多，但無論就建築年代來看，或就建材比較，金字塔完全由石材打造這一點就足以稱為驚世傑作。

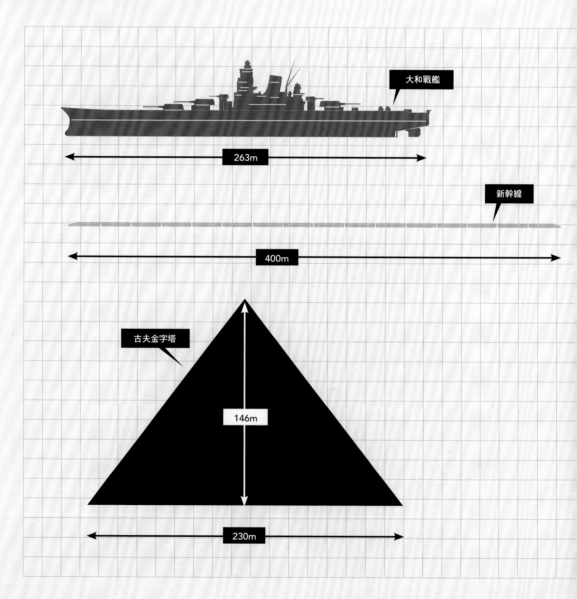

大和戰艦

263m

新幹線

400m

古夫金字塔

146m

230m

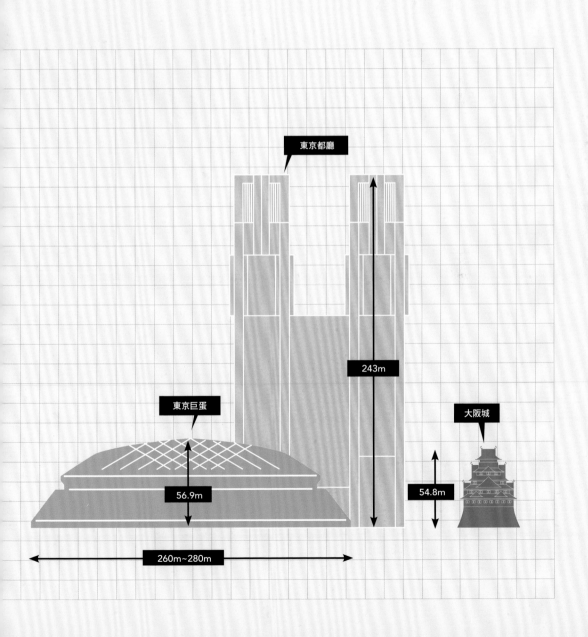

東京都廳

東京巨蛋

大阪城

243m

56.9m

54.8m

260m~280m

貴族平頂石墓

古夫金字塔

　　為何這裡的金字塔被認為是古夫王所建造的呢？這是因為在金字塔中央附近稱為「減壓室（又稱重力擴散室）」裡的牆壁接合處上，發現寫著「古夫」的古埃及象形文字而推斷出來。

　　或許有人會想那可能是後世惡作劇寫下的吧。由於字的邊緣塞在壁面接合處的縫隙裡，所以應該是在建造當時或建造之前就已經寫上的。此外，在金字塔附近還發現到上面刻有古夫王的法老王小型象牙雕像。這些都是有力的證據，在在說明此為古夫王的大金字塔。

　　進入到金字塔內，從大甬道的斜坡道壁面構造可以看出建造時的建築技術。只不過現在供一般民眾參觀的通道，是在西元九世紀名叫阿爾曼姆（al-Mamun）的阿拉伯酋長率眾潛入金字塔時所挖到的井坑（給金字塔的建築工匠，在完工、封閉金字塔前通行用），金字塔本來的通道在略上方處，通道屋頂以石塊堆成三角形，從建造竣工迄今始終是封鎖的。

　　1954 年從金字塔底部挖掘出一艘世界最古老的大型木船，名為太陽船，經過復原後已經公開展示。1987 年日本早稻田大學埃及考古調查團隊又發現，另外一艘與原木船成對的船。相信今後透過更多的發掘及復原成果，可以讓埃及金字塔的研究更為詳盡。

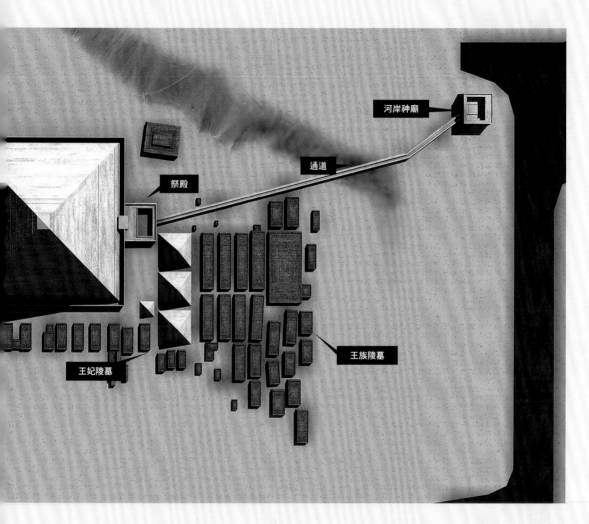

古夫金字塔群分布圖

　　從河岸神廟到祭殿之間的通道，地基高達 40 公尺以上。東側（下方）的王妃陵墓金字塔僅有古夫金字塔的五分之一；其間還有一些小型金字塔，每邊長 20 公尺，是為了祈求法老王永生而建的建築。而在金字塔東側的石室墳墓則是第四王朝時所建造的；西側的則是第五、六王朝時建造，其中最靠近王妃陵寢的石室墳墓，據推測應是埋葬各個王妃所生的王子之墓。

AD.2005

CG

BC.2500

卡夫拉金字塔

媲美古夫金字塔

卡夫拉金字塔之構造

　　吉薩三大金字塔群中央第二座金字塔，即是埋葬卡夫拉王的金字塔，古代曾稱為「偉大的金字塔」。由於建造在地勢較高的岩層上，所以看起來比古夫金字塔大，不過實際上高度稍矮了 3 公尺，每邊長也短於 15 公尺。以現況來說，最顯著的特徵就是近塔頂處仍殘留著一些裝飾表面的石灰岩塊，至於底部也可隱約看到花崗石的痕跡。

　　金字塔周圍的設施大致保存良好，從河岸神廟穿過人面獅身像的通道及祭殿等處的規模，可以想像出當時的景況。

　　另一個特徵就是，這裡的墓室大多建造在岩層上，其內部的通道都很單純，在墓室裡也有花崗石打造疑似石棺之物，可是就是沒有發現木乃伊或陪葬品之類的遺物。

　　至於何以斷定此為卡夫拉金字塔呢？主要是根據歷史記載以及神廟裡的法老王雕像而確定的。雖然一般認為卡夫拉王為古夫王之弟，不過也有學者提出學說，認為他是古夫王同父異母的兄弟，而且曾企圖奪取王位。

何謂金字塔小鎮

在金字塔周邊會有個小鎮，這裡居住著擔任法老王死後在祭殿舉行葬禮的祭司，或是負責管理的小官差，以及供應官吏生活物資的居民。另外，據推測在金字塔建造時附近可能還有王宮。

小鎮上居住的人口推估大約有數千人，按照身分劃分區域居住。已知在吉薩有古夫金字塔的「北區」與卡夫拉金字塔的「南境地標」等鎮名的存在。小鎮由法老王第二代王子管理，一旦王宮撤離，就改由祭司接管，最後再交由中下級官吏接掌管理。此外，小鎮的居民享有免稅優惠以作為管理金字塔義務的補償。事實上，當王宮遷移後，招來一些為了免稅而遷入的人，結果造成管理不當而使聖地變成雜居的貧民窟。

卡夫拉金字塔內部構造圖

　　兩處入口中，一處位於近北側中央地面上，另一處則在金字塔底部約 11.54 公尺處上方。走進下層的地下通道，經過上下活動門，有一間房間，接著經過一段水平通道，其盡頭為一段上坡道，與上層通道上的水平路段交叉，而上層通道上的水平通道其盡頭處則是一間由黑色花崗石打造擺放棺槨的墓室。又，兩條通道的水平路段在其前方均裝置活動門藉以控制通行。

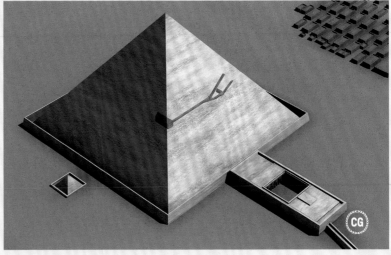

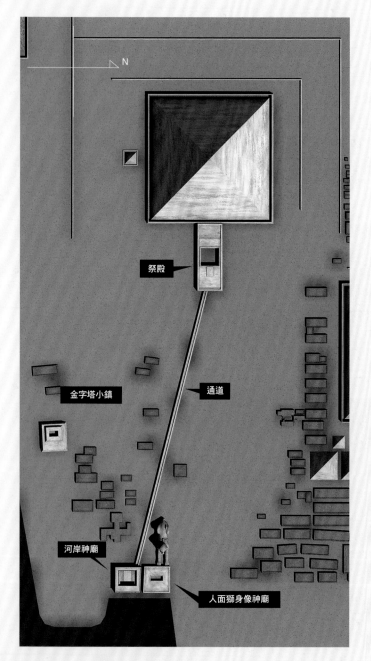

祭殿

金字塔小鎮

通道

河岸神廟

人面獅身像神廟

卡夫拉金字塔分布圖

　　從與獅身人面像神廟並列的河岸神廟起，經過一段長494.6公尺的通道，即是金字塔的祭殿，南側靠中央處還並排著一些小型金字塔群，據推測這些小金字塔是用來供奉祈求永生的法老王的「卡」靈魂雕像。

祭殿

　　卡夫拉的祭殿所具備的五大建築元素，成為後來的祭殿的興建標準。這五大建築元素即包括入口大廳、安置法老王神像的五座壁龕、五間倉庫，以及裝置一對石碑或假門，或是兩者皆備的聖殿等。此外，卡夫拉王祭殿內部主要是採用花崗石作內嵌式裝飾。

AD.2005

曼卡拉金字塔

吉薩第三大金字塔

CG

BC.2500

曼卡拉金字塔的構造

位於最南側的小型金字塔，就是曼卡拉金字塔，也是金字塔迷眼中的最愛。雖是一座小型的金字塔，但單就金字塔來說其實一點也不小，而且造型優雅，是極為典型的金字塔，旁邊並列著三座王妃陵寢，相對於另外兩座法老王金字塔的斜式通道設計，曼卡拉金字塔的通道筆直而且均衡感優於另外兩座。此外，金字塔底部還殘留著裝飾外觀，古埃及最為珍貴的紅色花崗岩遺跡。

墓室為兩層樓建築，差不多位於金字塔頂尖正下方，裡面曾有一具裝飾精美、由玄武岩打造的空石棺，十九世紀後半英國打算將之運回大英博物館，不料途中船隻不幸遇難，石棺因而石沉大海、失去蹤影。

有趣的是，金字塔內還遺留著已遭廢棄的上下通道，從其布局推側，當時金字塔的規模可能更小，因而在外側堆積石塊以加大金字塔體積，所以才有今日所見的規模。另外，金字塔內也同樣沒有發現到法老王的木乃伊，僅有一些與曼卡拉王有關的遺物。

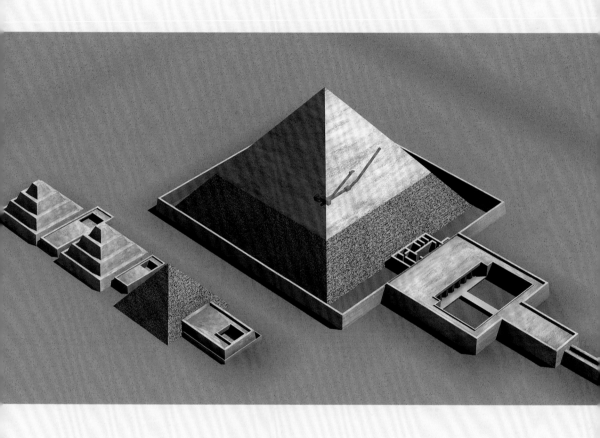

曼卡拉金字塔內部構造圖

　　入口在北側底部約 4 公尺處上方。走進入口下層通道在 31 公尺處有一間施以裝飾的房間,而前方有一段設有三處活動門的水平通道,貫穿東西長的前室,從前室延伸出去的水平路段入口正上方,恰好是上層廢棄的通道入口。

　　從前室中央地板朝西的短斜坡道可以直通墓室,這條通道右側有一間房間,東面牆安置了四座壁龕、北面牆安置了兩座壁龕。

王妃陵墓

祭殿

通道

河岸神廟

曼卡拉金字塔分布圖

　　從河岸神廟到祭殿之間綿延 608 公尺長的通道，既無牆面也無屋頂，應該是並未完全竣工。南側有三座王妃陵寢的金字塔群，最前面的一座應是安奉法老王雕像用的小型金字塔。

花崗岩

　　在底部殘存的 16 塊裝飾表面用的紅色花崗岩，是從尼羅河上游的亞斯萬一帶的採石場搬運而來的，金字塔表層裝置的花崗石，除了入口周圍之外，均未加以仔細研磨，其中有些尚未細磨的花崗石塊上還留有一些準備加以打磨的突起痕跡。

AD.2005

吉薩的人面獅身像

高達 20 公尺的巨大石像

CG

BC.2500

「早上四隻腳，中午兩隻腳，到晚上變三隻腳的是什麼？」旅行者被問到這個問題，如果答不出來就會被頭為人面、身體是獅子的怪物吃掉。這個怪物就是希臘神話中所稱的「斯芬克斯」。不過，現代人一聽到「斯芬克斯」，眼前浮現的景象，大概是坐鎮在吉薩三大金字塔的守護者──吉薩的人面獅身像吧！

「斯芬克斯」一詞為希臘文。古埃及語發音作「修齊夫安克」（Shesep Ankh），有「復活之姿」或「生存之姿」的意思，這個發音後來被以訛傳訛成了「斯芬克斯」。「修齊夫安克」才是吉薩人面獅身像原來的名稱。

另外，吉薩的人面獅身像在各時代還有不同的稱呼，像是「何露安肯特」（Hor-em-akhet）、「何露安肯特·凱普里·阿吞」

（Hor-em-akhet-Khepri-Atum）等等，「何露安肯特」意即「地平線的何露斯」；而「何露安肯特·凱普里·阿吞」意即「太陽神以何露斯形象活著」。「何露斯」是古埃及極為重要的神祇，古埃及人認為祂是法老王的守護神，或是認為法老王正是老鷹形象的何露斯神之化身。又「凱普里」、「瑞」、「阿吞」其實都是太陽神化身後的名稱。由此可知，吉薩的人面獅身像應該原是太陽神的象徵之一。

只不過上述這段與太陽神有關的稱呼問題逐漸被世人所遺忘，最後只有「修齊夫安克」一詞及其形象被廣為流傳下來，於是人面獅身像就由「修齊夫安克」慢慢定名為「斯芬克斯」了。

削石而成的巨像
人面獅身像

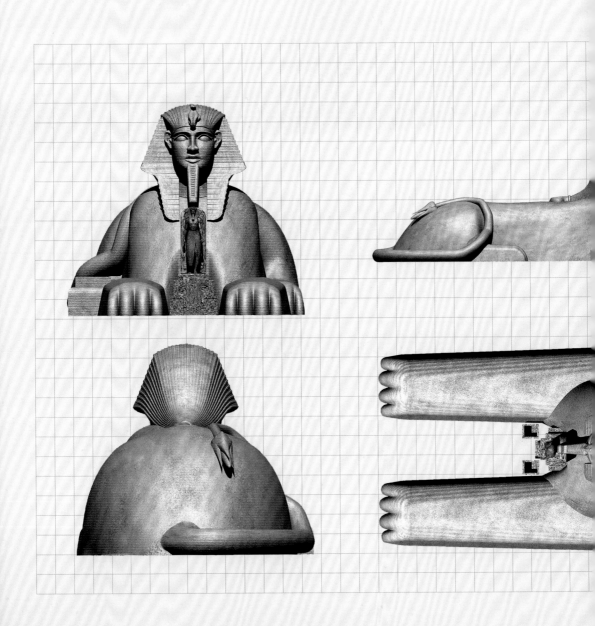

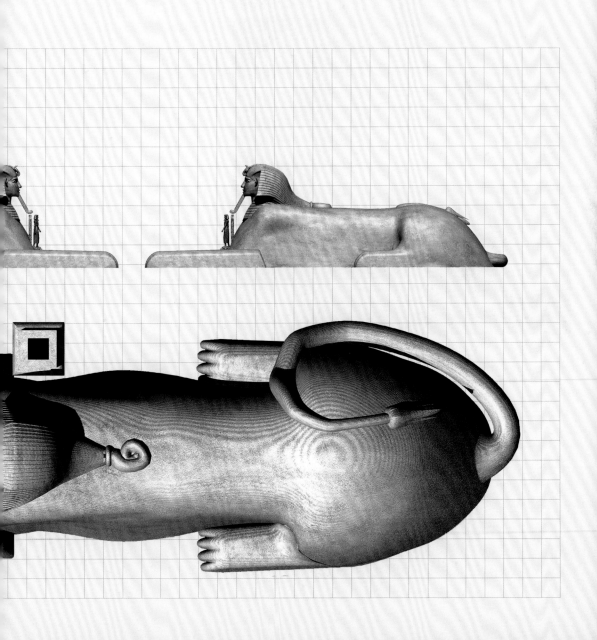

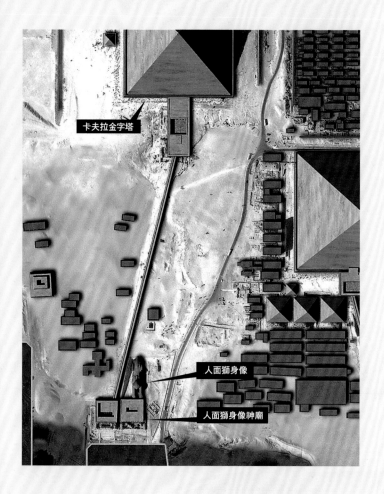

卡夫拉金字塔

人面獅身像

人面獅身像神廟

人面獅身像位置圖

　　人面獅身像是利用卡夫拉金字塔通道底部的天然岩石，先鑿成 U 字型，然後將剩餘的岩石雕成獅身，通道北側路肩剛好位在 U 字型的南側壁面，由此可知，此巨大的人面獅身像應是卡夫拉王所建造。

　　再者，人面獅身像神廟與卡夫拉金字塔的河岸神廟並列，而且使用的巨石建築式樣也相同，在打造人面獅身像時，從岩層削下切割成巨大石塊，分別作為河岸神廟上方牆面以及人面獅身像神廟主要壁面用。且就石材材質來看，河岸神廟所用的石材和人面獅身像身體上方部分所用的石材也相同，這些都説明了人面獅身像與卡夫拉王有關。

人面獅身像神廟

　　表層原本預定覆蓋花崗石，因為沒有完工，實際上並沒有加以裝飾。神廟東西兩側有聖殿，中央有一中庭，中庭四周由 24 根紅色花崗石柱構成柱廊與走廊，石柱之間擺放 10 座法老王巨像。此神廟應是為了人面獅身像而搭建的，由於尚無確切的史料可以證明神廟的存在，所以無法得知原始面貌。

人面獅身像的構造

　　一般認為，吉薩的人面獅身像的臉部是仿照聳立在其後方的卡夫拉王的臉打造的，從殘留痕跡來看，建造完工時全體雕像都彩繪修飾過。

　　不過究竟是否真的是卡夫拉王所建造？因為沒有具體證據，至今學界仍眾說紛紜。

　　目前根據研究分析得知，人面獅身像是就地鑿岩壁建造而成，頸部以上部分和身體的岩石材質並不相同，身體部分比打造頭部的岩層還要更往下開挖才做成。再者，由岩石的成分得知，位於人面獅身像東側的神廟也是使用此處的岩石所建造。

　　埃及傳說中的「修齊夫安克」確實是半人半獸的形象，只是和希臘神話中的斯芬克斯有著全然不同的趣味，人面獅身像已經在吉薩守護了五千年，就像智者一般，看盡世間人們的愚行，也看清了未來的路。

　　不管是誰打造人面獅身像，它已經屹立不搖地聳立在此五千年，持續守候著尼羅河自東方地平線升起復活的太陽，只要它還屹立在這片大地上，繼續守望著東方的天空，太陽就會日復一日地升起，人們也就能繼續生活。

　　思及此，生在現代的我們，對於斯芬克斯，不，「修齊夫安克」，更應該要懷抱著敬畏之心。

前面

　　頭部仿法老王御用的條紋頭巾造型，為了使人面頭部與獅身胸部取得平衡感，側面向外延伸的部分運用獅毛條紋做出造型。

　　雖然無法斷定缺損的鼻子是在何時造成的，不過應該是在十～十五世紀初因某種原因導致塌陷。此外，前腳之間的雕像與石碑則是在西元前 1401 年時所打造的。

後面

　　人面獅身像是在西元前兩千五百年前後建造。根據前腳間一塊銘記著西元前 1401 年的石碑和腳、胸部進行修復時所使用的石灰岩塊相同，研判出在經過一千一百年後的第十八王朝時進行了第一次修復工程，之後在西元前 664 ～ 525 年前後的第二十六王朝時、希臘羅馬王國時期，以及 1926 ～ 1988 年分別進行了前腳到後身部分的修復。

太陽船

與法老王一起升天的木船

AD.2005

CG

BC.2500

古代最便利的交通工具
連死後也需要用到的木船

1954 年在古夫金字塔南側地下挖掘出土的太陽船，是目前世界上最古老的木造船。

「太陽船」一名，是從古埃及的宗教觀而來的稱呼。當時的人看到太陽日復一日地自東方升起，又自西方下沉的自然現象，認為太陽是乘著船，白晝自天界由東向西行，夜晚再由西向東返回冥界。

對居住在尼羅河沿岸的埃及人而言，船是旅行必需的交通工具，所以太陽也必定是搭船旅行。由此可知，金字塔既然是為法老王與眾神所興建，為了方便祂們從東邊自天界而來，再由西向東返回冥界，於是想到獻上船隻，這樣的想法很理所當然。

船頭直直向上拉高的太陽木船，造型十分獨特，這是依照埃及傳統的蘆葦船造型加以美化打造而成。細長的船身，若飾以多彩的布料、花卉，映照在河面上時，必定十分優雅。

古埃及樹木極少，這艘特別以極珍貴的雪杉打造的太陽船，出土時其實是拆解成 650 件的組件擺放在金字塔的地下裡。經過一番整修復原後，才知這艘太陽船並非只是一具模型，而是能夠實際使用的非常牢固的木船。近年在研究考察下發現，其復原作業上可能發生了一些錯誤，未來仍有再深入研究的空間。

其次，有學者推測此艘出土的太陽船，若是作為白晝自東向西行，那麼，極有可能會有另一艘船是用來夜晚自西向東行。果然，1987 年日本早稻田大學吉村作治教授帶領的研究團隊，在附近發現到另一艘木船，只是木船的保存狀態不佳，今後在挖掘真相上仍有相當程度的困難必須努力克服。

太陽船四面構圖

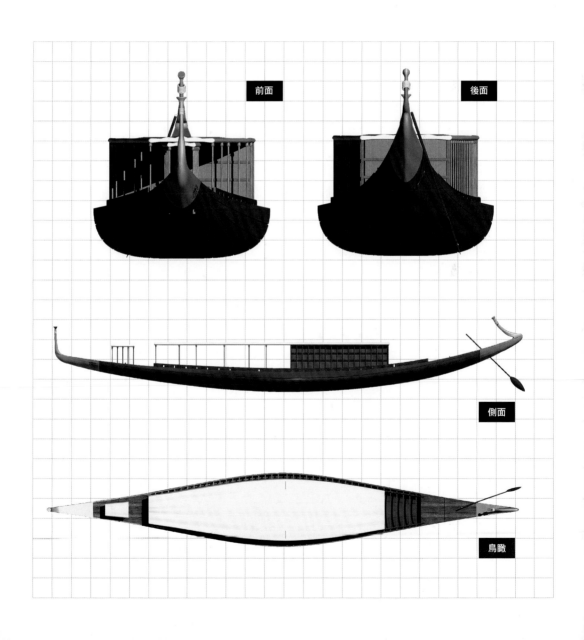

前面

後面

側面

鳥瞰

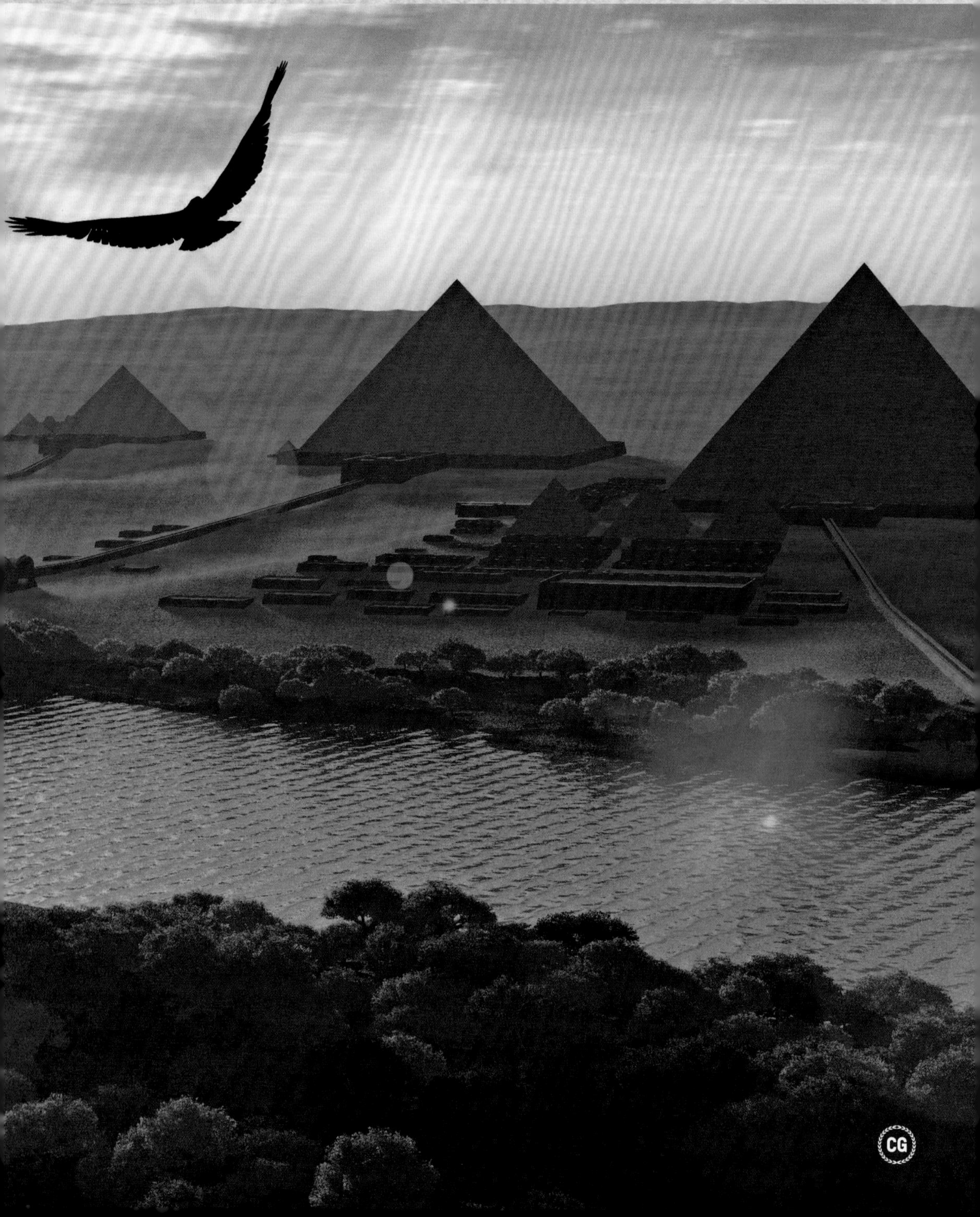

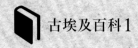

埃及是尼羅河的恩賜

尼羅河之於古埃及文明的重要性

每年一次的氾濫帶來豐饒

　　西元前五世紀時希臘歷史學家希羅多德曾說：「埃及是尼羅河的恩賜。」的確，尼羅河孕育了古埃及文明的發展。

　　尼羅河起源於衣索比亞高原與維多利亞湖之間，每年將非洲內陸的高山融雪和雨季的雨水注入到地中海，惟其河流過長，加上行經平坦地區，往往得花上幾個月的時間才能注入地中海，由於流速十分緩慢，導致下游河段河水暴漲形成氾濫。

　　不過也因為它的氾濫，不僅將地層中的鹽分洗去，也將上游養分豐富的土砂慢慢堆積，滯留下肥沃的黑色土壤，只要撒下種子就有豐碩的收穫，尼羅河所帶來的黑土形成豐饒的「綠色地帶」，滋潤了埃及人的生活，並讓埃及成為當時舉世無雙的大國。

　　另一方面，尼羅河洪水到不了的地區則

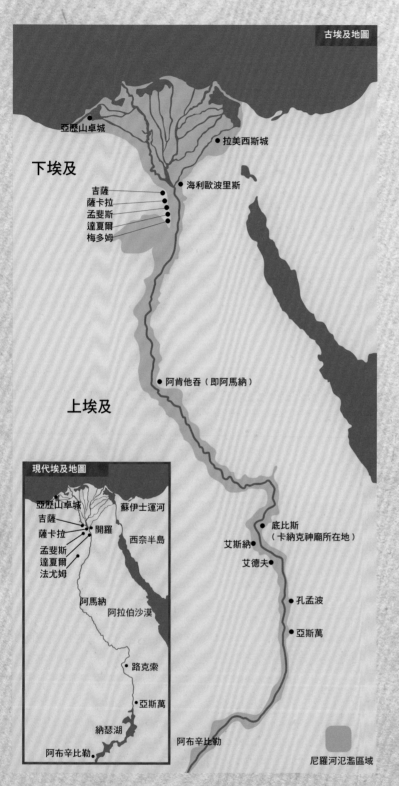

古埃及地圖

亞歷山卓城

拉美西斯城

下埃及

海利歐波里斯

吉薩
薩卡拉
孟斐斯
達夏爾
梅多姆

上埃及

阿肯他吞（即阿馬納）

現代埃及地圖

亞歷山卓城　蘇伊士運河

吉薩
薩卡拉　開羅
孟斐斯　西奈半島
達夏爾
法尤姆

阿馬納
阿拉伯沙漠

路克索

亞斯萬

納瑟湖

阿布辛比勒

底比斯
（卡納克神廟所在地）

艾斯納

艾德夫

孔孟波

亞斯萬

阿布辛比勒

尼羅河氾濫區域

尼羅河的氾濫與埃及

左圖為古埃及地圖。綠色部分是尼羅河氾濫時期河水流經的區域，其流域綿延數 10 公里長，規模遠超乎我們的想像。每年七月水位開始增高，到了八、九月時大致已呈淹水狀態，然後到了十月河水再度退去，此時隨著河水沖刷沉積下來的肥沃土壤，形成廣大面積的耕地，尼羅河的氾濫為埃及帶來豐富的資源。附帶一提，左下方的圖是 1970 年亞斯萬水壩興建完成以後的地圖，從這張圖可以想像得到，因興建水壩而形成的人工湖納瑟湖（Lake Nasser）的規模之大。此外，自從水壩完成之後尼羅河的氾濫也從此消失了。

形成乾燥的紅色沙漠地帶。古埃及人稱尼羅河河水氾濫帶來的肥沃黑色土壤為「科梅特」（kēmi），並且引申為社稷、家園或自己之意；而紅色的沙漠地帶則稱為「底榭雷特」（dšrt），引申為沙塵暴或惡者之意。由此可以想見，船必然是古埃及社會主要的運輸工具。

從非洲內陸乘船順著尼羅河水流而下，即可順利通往地中海，同時由於風向是從地中海吹往埃及，所以若想溯河而上，只要張開船帆一樣可以輕易成行。而且船一次可以運送大量貨物，所以尼羅河下游三角洲所收成的農作物也能運送到上游；而在上游所採集的上等石材自然也能靠船運送到下游地區。

據推測古埃及在西元前兩千年時尚未有「（馬）車」的概念。筆者認為最大的原因可能與當時船運發達有關。因為使用（馬）車作運輸的話，需要有動物來做為「動力」，但在尼羅河上航行則不需要「動力」，而且陸路需依賴勞力，搬運量也有限，所以對古埃及人而言，任何事只要有船就夠了，實在不需特地去發明車輛改成陸上運輸。

為正確掌握尼羅河氾濫
而發達的天文與曆法

雖然船運十分便利，但畢竟還是會有難行之處。從現在的「亞斯萬水壩」一帶開始是急湍處，加上上游有幾處瀑布，船隻無法繼續上溯。因此古代人把這裡定為記載尼羅河航運的起點，根據古代文獻記載，古埃及人的船隻似乎不曾往上溯。

為了能夠更正確地掌握尼羅河的氾濫期，古埃及人仔細觀察日月星辰的運作，進而發展出一套曆法，同時為了充分掌握尼羅河水位的高低而仔細測量水深，並將測量結果刻印到岩壁上，完成「尼羅河水位量尺」。

接著，讓我們來看看埃及地圖。貫穿中央的尼羅河在注入地中海前形成一大片扇形沖積地，而這個形狀不就正是受埃及人尊敬的蓮花花形嗎！

仔細瞧瞧，源自非洲大地滾滾而下的尼羅河上游河段，像極了蓮花的莖幹，一路流向地中海，最後在下游綻放出一朵美麗的蓮花，古埃及文明也如同這朵蓮花般璀璨的發展開來。

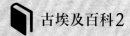
古埃及百科2

古埃及史上的
關鍵時刻

了 解 埃 及 歷 史 ， 悠 遊 古 埃 及

6500年前	先王朝時代 BC4500年左右		開始在尼羅河沿岸以農耕、畜牧方式生活。
4500年前	初期王朝時代 第一、二王朝 BC2850年左右～ BC2650年左右	BC2850年左右	納摩王統一上下埃及，建立第一王朝，定都於孟斐斯。
		BC2800年左右	開始使用太陽曆並確立象形文字系統。
		BC2750年左右	第二王朝興起。
	古王朝時代 第三～六王朝 BC2650年左右～ BC2180年左右	BC2650年左右	第三王朝興起。
		BC2620年左右	第三王朝第二代法老王卓瑟王興建埃及最早的梯級金字塔，此金字塔據說是由宰相伊姆霍特普（Imhotep）所策畫興建的。
		BC2553年左右	第四王朝興起。第一代法老王斯內夫盧王（Snefrou）在梅多姆興建金字塔，接著又在達夏爾興建兩座金字塔。
		BC2521年左右	古夫王即位，並在吉薩興建金字塔。之後卡夫拉王、曼卡拉王相繼在吉薩地區興建金字塔，形成吉薩三大金字塔。
		BC2490 年左右	法老王開始使用「太陽神之子」的稱號。

金字塔時期

4500年前		BC2480 年左右	第五王朝興起。
		BC2340年左右	第五王朝最後一任法老王烏尼斯王（Wenis）刻印「金字塔文（宗教文獻）」。
	第一過渡時期 第七～十王朝 BC2180年左右～ BC2040年左右		政治上的紛爭接連不斷，進入群雄割據時代。
	中王國時代 第十一～ 十二王朝 BC2040年左右～ BC1785年左右	BC2040年左右	蒙圖霍特普一世（Montouhotep Ⅰ）推翻了第十王朝，定都於底比斯（即現今的路克索）。第五代繼任者蒙圖霍特普二世再度統一埃及。第十一王朝興起。
4000年前		BC1990年左右	第十二王朝興起，其勢力範圍遠及努比亞地區。
		BC1800年左右	阿門內馬特三世（Amenemhet Ⅲ）完成法尤姆地區的開拓事業，使其成為重要的穀倉。
	第二過渡時期 第十三～ 十七王朝 BC1785年左右～ BC1565年左右	BC1720年左右	亞洲游牧民族西克索人（Hyksos）入侵。
		BC1680年左右	西克索人統治下埃及建立王國，並在尼羅河三角洲地帶的亞華里斯（Avaris）建都，傳入馬和戰車（chariot一人乘坐的二輪馬車）。
	新王國時代 第十八～ 二十王朝 BC1565年左右～ BC1070年左右	BC1565年左右	阿赫莫西斯王成功討伐異族西克索人，完成埃及統一大業，進入第十八王朝，定都底比斯。之後的法老王一面謀求國內安定，一面積極進行軍事遠征開拓疆土。
		BC1520年左右	展開國王谷的興建工程。
		BC1500年左右	圖特摩斯三世（Thoutmosis Ⅲ）的繼母哈謝普蘇（Hatshepsout）女王協助攝政，後來甚至登基為王，成為埃及史上首位女法老王。這時是埃及王朝版圖規模最大的時期。
		BC1400年左右	阿曼霍特普三世在位期間，是埃及史上最興盛的黃金時期。
		BC1365年左右	阿曼霍特普四世（阿克納吞王）進行宗教改革，排除眾神，獨尊阿吞神，遷都至阿馬納土丘，史稱阿馬納時期。

金字塔時期

金字塔時期

國王谷時期

		BC1350年左右	圖坦卡蒙王即位，恢復阿曼神信仰。	國王谷時期
4000年前		BC1310年左右	軍人出身的拉美西斯一世即位。第十九王朝興起。積極展開軍事遠征。	
		BC1279年左右	拉美西斯二世即位（～BC1213年）	
		BC1275年左右	拉美西斯二世在敘利亞的卡德什與西台人大戰。這時期，也被認為是《出埃及記》中摩西率領希伯來人出走埃及的時代。	
		BC1200年左右	第二十王朝興起。法老王王權逐漸式微，卡納克神廟的阿曼神主祭司握有底比斯的統治實權。國王谷的盜墓事件十分猖獗。	
	第三過渡時期 第二十～ 二十四王朝 BC1070年左右～ BC750年左右		底比斯的阿曼神團大神官統治上埃及，而下埃及則淪為利比亞系的君主所統治，各自為政、內亂頻傳，處於無政府狀態。	
3000年前	後王朝時代 第二十五～ 三十王朝 BC750年左右～ BC305年左右	BC750年左右	努比亞人皮安希（Piankhy）主政，進入第二十五王朝，首都底比斯。	
		BC700年左右	夏巴卡（Shabaka）王統一上下埃及。	
		BC667年左右	亞述軍隊來襲，並占領統治埃及。	
		BC664年左右	普薩美蒂克一世（Psammethicus Ｉ）討伐亞述王國，進入第二十六王朝。	
		BC525年左右	波斯王阿契美尼斯（Achaemenes）統治埃及。	
		BC404年左右	脫離波斯的統治，進入第二十八王朝。	
		BC332年左右	亞歷山大大帝征服埃及，之後展開亞歷山卓城之建設。	

3000年前	托勒密王朝時代 BC305年～ BC30年		
		BC305年左右	馬其頓王國的貴族托勒密建立托勒密王朝，定都於亞歷山卓城。
		BC290年左右	建設謬思女神廟（Mouseion）和大圖書館。自然科學家輩出的時代。
		BC196年左右	豎立刻有埃及古文字的羅塞塔碑（Rosetta Stone）。
		BC48年左右	首任羅馬皇帝凱撒在亞歷山卓城與克麗歐佩脫拉七世邂逅。
		BC30年左右	克麗歐佩脫拉七世被屋大維所率領的羅馬軍隊打敗，自殺身亡。之後埃及成為羅馬帝國屬地。

許多人想了解古埃及文明，但一聽到「歷史年表」和一大堆陌生的專有名詞就心生怯步了。如果不是想要成為埃及學專家，其實不必特別去記住一大堆專有名詞。想要輕鬆愉快的認識古埃及文明，只需要充分掌握一些重要的歷史年代、人名、專有名詞就夠了。

古埃及分為上、下埃及

首先在接觸古埃及歷史時，一定會出現「上埃及」、「下埃及」或是「上下埃及」這幾個名詞，對照 54 頁的古埃及地圖應該可以清楚看出其間的差別。若以蓮花比喻，則其莖幹部分就是指「上埃及」，而花蕊部分則是「下埃及」。雖然兩者同樣位於尼羅河流域，但無論氣候、風土民情均有極大的差異，因此自古以來就劃分為兩大文化圈。

「上埃及」基本上屬於炎熱乾燥地帶，只有靠近尼羅河沿岸細長的區域，才能因尼羅河氾濫所賜而得以從事農耕；另一方面，「下埃及」指尼羅河下游注入地中海前的扇形沖積地（三角洲地帶），適度的濕氣和來自地中海溫煦的海風，使這裡的氣候相當舒適宜人。此外成網狀分布的尼羅河流域因為土壤肥沃而非常適合農耕。

當兩大文化圈相結合，完成統一時，埃及歷史上的「王朝時代」便正式揭開序幕。儘管如此，由於上、下游地區的氣候、風土文化差異甚大，在埃及王朝結束之前，「上」、「下」埃及的區隔始終無法徹底消除。為此，統一之

後的法老王便在其名號中冠上「上下埃及統治者」之名，並在王冠上裝飾象徵上埃及的禿鷹，與象徵下埃及的眼鏡蛇圖案。鼎鼎有名的圖坦卡蒙（Toutankhamon）法老王的黃金面具上，額頭上便明顯地裝飾著禿鷹和眼鏡蛇。

還有，只要仔細端詳埃及的壁畫或雕像，一定也能從法老王頭戴的雙色圓筒王冠找到線索。其圓筒王冠下層的紅色部分，原來是下埃及的王冠；而上層白色部分，原來是上埃及的王冠，所以法老王才會頭戴雙色圓筒王冠以表示一統上下埃及。

以上，有關上下埃及的簡單說明，希望有助於您在閱讀古埃及資料或圖片時，能夠更深入理解它的內涵。

古埃及歷史分為
古王國・中王國・新王國時代

了解埃及的地域性差別後，接著來看看時代的劃分。從歷史年表可以清楚看到「古、中、新王國時代」、「第○過渡時期」、「第○○王朝」等分期。

例如，提到圖坦卡蒙王一般會冠上「新王國時代・第十八王朝」的頭銜。這就好像是提到日本某位幕府將軍時，會以「江戶時代・○代將軍」的頭銜來說明。古埃及的歷史，根據出土的文物來推算，至少長達三千五百年之久，歷代的法老王總數想必非常可觀。加上在漫長的歷史中，又曾經歷群雄割據的戰國時期；也曾有過受異族統治的時期。因此，在漫漫歷史長河中，若想簡單地區分古埃及的歷史，不妨採用「○王國時代」的分期來認識最關鍵的歷史。簡單地說，若用日本歷史的角度

來比喻的話，日本的「奈良時代」就相當於埃及的「原始時代」；「平安時代」就相當於埃及的「古王國時代」；「鎌倉時代」就相當於埃及的「第一過渡時期」……以此類推，應該會比較容易理解吧！

至於「過渡時期」指的是，某種原因下古埃及在同一時期存在著好幾位強權者，彼此互爭霸權的一段紛亂時期。這就好比是日本史上的「戰國時代」一樣。同樣地「第二過渡時期」也像是日本的「戰國時代」，當勢力強盛的統治者再度統一埃及後，就好比是日本「江戶時代」結束長期的內亂，完成長達數百年的安定一樣，古埃及的「新王國時代」也展開了一段長期的安定政局。

至於「第○王朝」則表示埃及政權由王權落入外人統治的時期，除了幾個例外之外，大抵上是以血緣關係作為王朝的區分。例如，提到「第十九王朝」，就是家喻戶曉的「拉美西斯二世」在位時期，而第十九王朝的開朝者是「拉美西斯二世」的祖父，也就是軍人出身的「拉美西斯一世」，他們兩位與之前的統治者並沒有血緣關係。因此當政權落入「拉美西斯一世」之後便進入「第十九王朝」，從「拉美西斯一世」、其子「塞蒂一世」、「拉美西斯二世」……第十九王朝政權維持超過百年之久。

一定要記住的幾個最具代表的法老王

到這裡，大致了解古埃及的歷史分期，那麼，接下來就來認識幾位埃及法老王吧！提到埃及歷史，就一定會提到埃及的法老王，不過若要將埃及史上所有法老王都一一羅列，那可不是一件容易的事。因為單單西元前的埃及歷

史就已經長達三千五百年之久，假設一位法老王在位五十年的話，至少也有七百位法老王，真要全記住的話，恐怕連專家也要皺眉頭、傷腦筋囉！就算努力把全部法老王的名字都記住，也不表示就能完全掌握所有埃及法老王的史實。不論哪一國的歷史，能名垂千古者實在寥寥無幾，同樣的，埃及史上有名的法老王也僅限於少數幾人，就像日本的幕府時代家喻戶曉的，也只有織田信長、豐臣秀吉、德川家康等人。因此，只要簡單地掌握幾位最具代表的法老王，了解其時代、功績，就足以掌握古埃及的文明。

一般最為人所熟知的，要屬圖坦卡蒙王、拉美西斯二世（Ramesses II）、埃及豔后克麗歐佩脫拉（Cleopatra）等人吧！除了這三人之外，只要再多記幾位法老王的名字，應該就足夠了。最簡單的方法就是，以這三人為關鍵字前後延伸找出與其相關聯的人物，如此就能大致掌握古埃及三千五百年主要的歷史脈絡。

以下簡單整理出幾位重要的法老王資料提供參考。按照其歷史先後順序，依序如下：

納摩王（Narmer）：統一上下埃及。

古夫王（Khufu）：在吉薩興建大金字塔。

阿赫莫西斯王（Ahmosis）：推翻異族政權，收復埃及國土。

哈謝普蘇女王（Hatshepsout）：為埃及史上首位女法老王。

阿曼霍特普三世（Amenhotep III）：極盡奢華的法老王。

阿克納吞王（阿曼霍特普四世）：世界上最早提倡一神論者。

圖坦卡蒙王：其陵寢完全未遭人破壞，並發現到大批珍貴的陪葬品。

拉美西斯二世：埃及史上名聲最為顯赫的法老王，俗稱「建築大王」。

托勒密一世（Ptolemees I）：亞歷山大帝的部屬，統領馬其頓王國。

克麗歐佩脫拉七世：人稱埃及豔后，為一絕世美女，是埃及最後一位女法老王。

對亞洲語系國家的人來說，埃及人名的唸法較不順口，如果將其名字加以省略取個小名可能有助記憶。舉例來說，把「阿曼霍特普王」叫成「阿曼」，是不是好記多了呢！其實專家學者間也常常把「阿曼霍特普王三世」暱稱為「阿曼三」，一來省去繁瑣的唸法，方便稱呼。再者，感覺好像三千年前的法老王就在身邊似地，是不是多添了一分親切感呢？

注意法老王名號的唸法

當我們接觸古埃及文明時，往往會對其專有名詞的表示不一而感到迷惑混淆。

雖然對古埃及文字的解讀已經達到一定程度的研究成果，但有關其發音部分卻仍有諸多問題未解決，加上十八世紀才開始發展古埃及文明的研究，而其主要依據的研究文獻，就是前面提過的五世紀時，希臘學者希羅多德所撰寫的埃及歷史，由於他是希臘人，想當然爾他是以希臘文來敘述古埃及。

再者，古埃及文明從滅亡迄今，當中又歷經了羅馬帝國、阿拉伯的統治等時代變遷，因此，同一地名往往會有不同的說法，這就好像日本現在的「東京」，在過去稱作「江

戶」一樣。

　　埃及專有名詞譯名不統一的問題，過去始終不受重視，因此早期翻譯成他國語言時多半是直接從希臘語翻譯出版。舉例來說「基歐普斯」（Cheops）、「基孚雷」（Chephren）、「邁瑟里諾斯」（Mycerinus）等詞，都是根據希臘語發音的原書籍直接翻譯。其實所代表的分別就是「古夫」、「卡拉夫」、「曼卡拉」等意思。也有像「古夫」翻譯成「胡夫」；「曼卡拉」翻譯成「孟卡拉」等，比比皆是。又好比「阿曼霍特普王」譯成「阿曼諾菲斯王」；「拉美西斯」譯成「拉梅斯」；「吉薩」譯成「吉塞」等等，不勝枚舉。

　　雖然將外語翻譯成本國語時難免會產生這類問題，近年來出版同業總算比較有共識去正視這個問題。撇開埃及研究的專門用書不說，在一些屬於一般性刊物的古埃及資料中，已經有譯者將翻譯用語的表示方式加以改善，例如像「基歐普斯（古夫王）」以括弧加註的方式來加以表記，如此一來，也讓一般人更容易親近古埃及文明。

了解歷史和歷史人物，掌握欣賞遺跡的訣竅

　　其實了解歷史最重要的就是去了解歷史中「人」的部分。古埃及偉大的建築物也是人所建造出來的。而埃及的木乃伊文化也很特別，同樣與「人」有關。後世在目睹歷史建築或文物時，往往可以感受到當中「人」的存在感。因為在這些歷史建築裡，一定會留下建造者的特質、信念與精神。

　　石牆上不管是精心雕刻的紋飾，或是惡作劇般的留言，其實往往反映出該時代的流行特質。以古埃及文明來說，建築上則是反映著建造的法老王個人的人格特徵。如果能同時掌握住其時代的特質，以及透過像石柱的形狀、建造的地點、建造者等等的訊息，應該可以揣摩出建造的法老王是以怎樣的心情來建造那些建築吧。

　　從本書所介紹的這些遺跡或建築物，恐怕無法提供太多的訊息來滿足大眾，但是如果當我們在欣賞古蹟時，能同時聯想到它的歷史背景以及其中的「人物」的話，即使是廢墟般的遺跡，也能娓娓道出其背後的歷史故事，而引人入勝。

　　如果能帶著緬懷歷史的心情去遊歷埃及，那麼您就能從現代的埃及共和國進入到古埃及帝國的時空中。相信在歷經舟車勞頓、長途跋涉之苦後，一定也能留下特別不同的旅遊體驗與樂趣。

　　了解古埃及歷史，絕非只是死背年代數字或一些名詞而已，就讓我們展開一趟遨遊古埃及文明世界的時空之旅吧！

從現代看古埃及與
世界歷史建築物年表

20 世紀		艾菲爾鐵塔（1889年／法國）
19 世紀		聖家堂（1882年～迄今建設中／西班牙）
18 世紀		凡爾賽宮（1710年／法國）
17 世紀		泰姬瑪哈陵（1654年／印度）
16 世紀		聖彼得大教堂（349年初建、1626年改建／義大利）
15 世紀	現代	姬路城（1609年／日本）
14 世紀		阿爾汗布拉宮（13～14世紀／西班牙）
13 世紀		科隆大教堂（1248～1880年／德國）
12 世紀		吳哥窟（1100年左右～中葉／柬埔寨）
11 世紀		倫敦塔（1098～13世紀中葉／英國）
10 世紀		
9 世紀		波羅浮屠寺廟群（8～9世紀／印尼・爪哇）
8 世紀	1000年前	東大寺大佛殿（751年初建、1708年再建／日本）
7 世紀		摩艾巨像（7～17世紀／復活島）

聖家堂

凡爾賽宮

倫敦塔

6 世紀		法隆寺（西元672年 / 日本）
5 世紀		
4 世紀		
3 世紀	1000 年前	
2 世紀		
1 世紀		羅馬萬神殿（西元128年 / 義大利）
BC1 世紀		
BC2 世紀		秦始皇陵（西元前200年 / 中國）
BC3 世紀		
BC4 世紀		
BC5 世紀	2000 年前	帕德嫩神廟（西元前438年 / 希臘）
BC6 世紀		
BC7 世紀		
BC8 世紀		
BC9 世紀		
BC10 世紀		

阿布辛比勒神廟

艾菲索思古城

帕德嫩神殿

BC11 世紀		艾菲索思古城（西元前11世紀～西元2世紀）
BC12 世紀		
BC13 世紀		阿布辛比勒神廟（西元前1250年／埃及）
BC14 世紀		
BC15 世紀		卡納克神廟（西元前1500～300年左右／埃及）
BC16 世紀	3000 年前	
BC17 世紀		
BC18 世紀		
BC19 世紀		英國巨石群（西元前1900～1500年／蘇格蘭）
BC20 世紀		
BC21 世紀		
BC22 世紀		
BC23 世紀	4000 年前	古夫金字塔（西元前2500年左右／埃及）
BC24 世紀		
BC25 世紀		
BC26 世紀		卓瑟梯級金字塔（西元前2620年左右／埃及）

古夫金字塔

英國巨石群

卡納克神廟

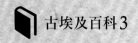

古埃及百科3

古埃及文明與民生

古埃及人在想些什麼？又是怎麼過日子的呢？

肥沃的土地孕育出開朗的人民

冠上「古代」一詞，常會讓人誤以為古代的人是生活在原始狀態中，這可是大大的誤解。古代人無論在體能上或智能上都和現代人相差無幾，只不過科技沒有現代進步而已，生活方式基本上和我們是一樣的。

古埃及是一個以法老王為頂端的金字塔型階級社會。不，更正確地說，是一個細長的金字塔踩在粗短的圓筒上，這種形狀的社會。除了少數的統治階級外，絕大多數的埃及人屬於平民階級，也就是農民或工匠等勞動者。

他們日出即起，先到田裡或工地勞動一陣，然後才吃早餐。埃及人基本上一日兩餐，主要以麵包搭配洋蔥、蒜頭、豆類等熬煮的湯為食。吃過早餐後，由於日正當中、十分炎熱，所以小歇片刻後再繼續工作。農民種植小麥、蔬菜，採收椰棗、無花果。婦女則負責洗衣、磨麵粉、做麵包、製作啤酒等家務；其他還有製作民生器具的燒陶工匠、織布工人、在河裡捕魚的漁夫、從事建設的工人等等。等到太陽西下便結束工作回家，在天黑之前吃完晚餐，然後就寢。因為入夜後基本上沒有良好的照明燈具，只有小小的油燈發出微弱的光芒，因此天黑之後便無法從事任何工作。

另一方面，官差或擁有土地的豪族等貴族階級則免於勞動，只需到田裡巡視，整理農民所繳納的農作物，也就是所謂的「白領階級」管理者。在飲食方面也較一般平民階級優渥。餐桌上除了麵包、湯類之外，還有烤鴿、水果、蜂蜜、葡萄酒等佳餚。富裕的人家會使用雪花石膏做成的半透明鏤花石燈，或是點燈籠，有時還會舉辦晚會。

至於住的方面，無論貧富都住開窗少的泥磚房，有錢人家的房子都蓋有很多個房間，並將牆壁塗白，加裝木門。家家戶戶都設置神龕。貧窮人家以椰棗等葉片覆蓋屋頂，這種椰草屋頂，對雨水少日曬多的埃及而言，可是非常涼爽舒適的。通常，富裕階級也會僱用很多的僕傭，貴婦們幾乎很少親手動手做家事。

此外，在古埃及還有「奴隸」的存在，只不過這裡的奴隸不是我們所想的，腳銬鎖鏈被人鞭打勞役的人，而是吃住主人家、沒有給薪的僕傭，也就是所謂的「自由奴隸」，他們吃住無虞，只要主人許可也可以結婚組織家庭。

古埃及人經常舉行慶典活動，凡是尼羅河氾濫期間，或是河水消退後，都會舉行祈求豐收的祭典活動，加上各種的神明祭典等等。只要是有慶典活動，埃及人就會放下工作，拿出最好的衣服，打扮得光鮮亮麗，然後一大早就開始準備豐盛的佳餚，大肆慶祝一番。

古埃及人

插畫／風間洋

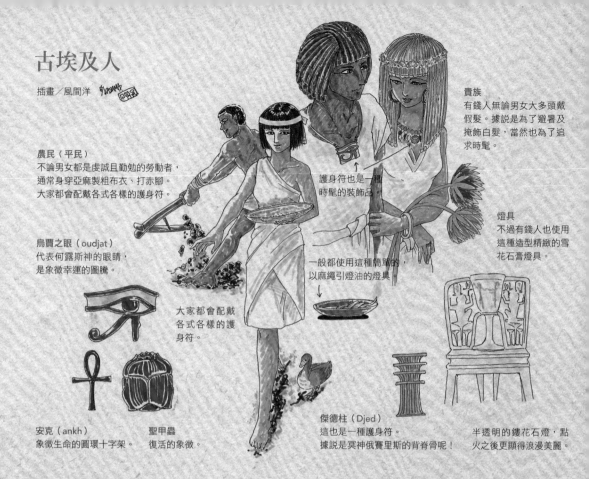

農民（平民）
不論男女都是虔誠且勤勉的勞動者，
通常身穿亞麻製粗布衣、打赤腳。
大家都會配戴各式各樣的護身符。

貴族
有錢人無論男女大多頭戴
假髮。據說是為了避暑及
掩飾白髮，當然也為了追
求時髦。

護身符也是一種
時髦的裝飾品。

鳥賈之眼（oudjat）
代表何露斯神的眼睛，
是象徵幸運的圖騰。

燈具
不過有錢人也使用
這種造型精緻的雪
花石膏燈具。

一般都使用這種簡單的，
以麻繩引燈油的燈具

大家都會配戴
各式各樣的護
身符。

安克（ankh）
象徵生命的圓環十字架。

聖甲蟲
復活的象徵。

傑德柱（Djed）
這也是一種護身符。
據說是冥神俄賽里斯的背脊骨呢！

半透明的鏤花石燈，點
火之後更顯得浪漫美麗。

技術都相當進步　麻醉和手術等醫療

　　想了解埃及就應該知道，古埃及女性的地
位相當高。古埃及社會中，除了法老王之外，
基本上是行一夫一妻制，和其他民族相較之
下，古埃及女性的地位，無論哪一階級都受到
較好的社會保障，不管是離婚或喪偶，婦女都
擁有財產分配權。此外，古埃及婦女也擔任巫
師、樂師、女祭司等各種工作，可以充分發展
並累積個人的社會地位與資產。

　　在醫療方面也相當進步，例如在建築工地
受傷骨折了，可以立即得到妥善治療，也會使
用各種藥物或麻醉技術。從考古發掘出土的遺
骸中發現到，許多頭蓋骨有被切開施行手術的
痕跡，還有一些頭蓋骨被切開後有復元再生的
跡象，由此可見患者在手術之後還能存活數年

之久，顯示當時的醫術已經相當進步。

　　再者，古埃及人相信自己死後是否能受到
神明的眷顧，和今生是否虔誠信仰眾神有關，
如果自己這一世能夠安分做人，以此獲得神明
的認同，就能在神明的安排下，在極樂世界過
著和生前一樣富足、安穩的生活。由此可以想
見，古埃及人把心思放在期待死後可以和生前
一樣（甚至更好）的同時，對現實生活自然就
少了許多的不滿吧！

　　透過各種文獻資料、遺跡文物可以得知，
古埃及人的生活，不管是哪一社會階級的人，
都過著符合其身分的安樂生活。仔細想想，古
埃及人在物質享受或環境條件上或許和現代有
所不同，但是作為一個「人」，在本質上和現
代的我們其實並沒有什麼兩樣呀！

卓瑟王的梯級金字塔

世界最古老的金字塔

AD.2005

BC.2650

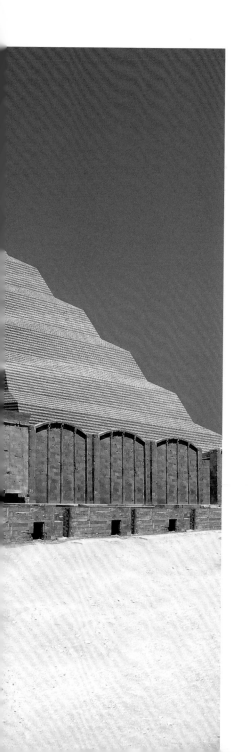

　　號稱世界最古老的卓瑟王金字塔為階梯式金字塔，就位在開羅南南東方 20 公里外的薩卡拉。西元前 2650 年左右由卓瑟王興建，是以正方形的石塊堆積成階梯形的造型，雖然與前面所介紹的金字塔外形明顯不同，實際上，卻是在它之後才出現真正的金字塔，可以說是金字塔的原型。

　　本來卓瑟王的陵寢應該依據前面介紹過的長方形石室墳墓為建造藍圖，但當時擔任設計師的伊姆霍特普卻採取了在石室墳墓上加高堆砌的新手法，剛開始堆了四層高，接著以擴大面積的方式堆高成今日所見的六層高 60 公尺的規模。

　　至於為何要變更成這樣的設計？學者間對此問題各持不同的主張，眾說紛紜。當中最有力的說法認為，這是出於為了讓法老王的靈魂得以升天的構想而建造成階梯式。放眼世界基於類似想法而建造的建築物，像是南美洲馬雅遺跡的金字塔、美索不達米亞的塔廟（Ziggurat，又稱通天塔）、傳說中的巴別塔（Tower of Babel）等等，東西方世界都可找到類似的例子，這也反映出人們希望更接近天堂的心願。

　　值得一提的是，在此之前所建造的石室墳墓都是採用日曬土磚，也就是用尼羅河的泥沙混合麥稈加水拌勻再加以曬乾製成的土磚所建造的，而卓瑟王陵墓卻使用了上等的石灰岩石材。因此外牆變得更為堅固，也使得堆砌出高聳金字塔的想法得以實現。諸如此類的因素，成為日後建築真金字塔的參考指標，對於這個想法，不論是誰應該都會認為是很自然的吧！

　　從這座金字塔遺跡的斷片也不難想像出，當年這座金字塔完成時，打磨過的石灰岩塊閃閃發亮的景象。

埃及最古老的金字塔
梯級金字塔的構造與簡介

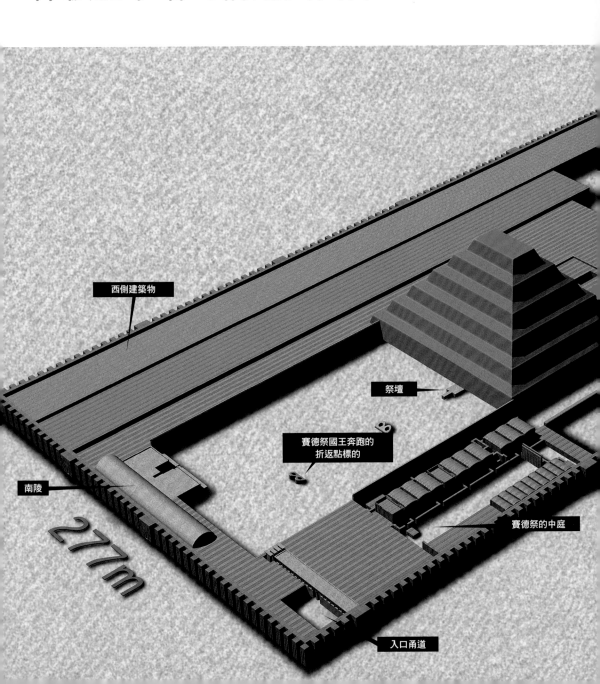

西側建築物

祭壇

賽德祭國王奔跑的
折返點標的

南陵

賽德祭的中庭

277m

入口甬道

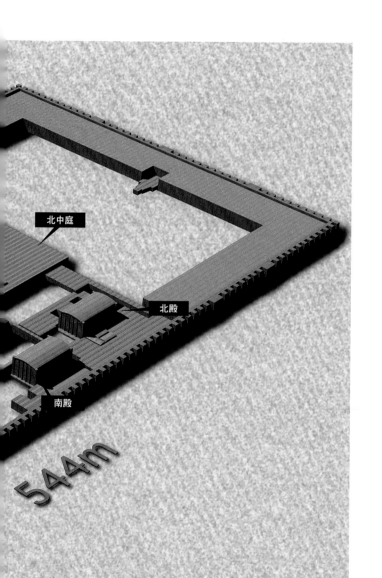

北中庭

北殿

南殿

544m

卓瑟梯級金字塔配置圖

高 10.5 公尺、長 1645 公尺，由石灰岩壁圍成
的複合式梯級金字塔，總面積達 15 公頃，其
規模足以匹敵西元前三千年時的一座大城鎮。
當中分布著「北殿」、「南殿」、「南陵」、
「賽德祭的中庭」等建築物，中央處即是六層
高的階梯金字塔。此外，外牆上 1680 塊的石
板，以及堆砌而上的石塊表面的花紋雕飾，都
是在堆砌完成後才加以雕飾而成。

卓瑟梯級金字塔的構造

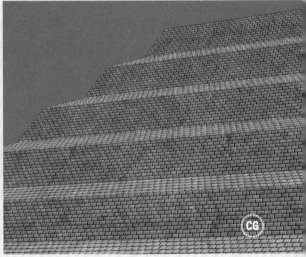

建材

　　六層高的梯級金字塔，底邊長為 121 公尺 ×109 公尺，高 60 公尺，由 33 萬 400 平方公尺的黏土和石灰岩建造而成。興建時，先建造位於地下宮殿入口埋葬卓瑟王的正方形石室墳墓，然後再逐步建造上層的階梯金字塔。

　　在金字塔部分，首先以粗略成形的石塊當核心，再覆蓋一層上等的石灰岩，並在石灰岩外層與核心之間充滿填充物。此手法和建造石室墳墓相同，只不過在堆砌石塊上不採水平式堆砌，而是採取在石塊內側以傾斜方式來建造。另外，由於使用大型上等石塊建造，所以不使用沙漠黏土製的石材來固定，黏土在這裡只用在斜面堆砌石塊時作補強用。

CG

南側中庭

　　自中央略微偏東有兩個標的，作為賽德祭時國
王奔跑折返的界標，金字塔前方有一祭壇，祭壇正
對著安置在塔內的石室墳墓的正面，環牆外則是
「南陵」，緊鄰旁邊的是位在南側中庭西邊的「南
陵」的祭殿。從「南陵」朝地下挖掘到邊長 7 公尺，
深 28 公尺的正方形坑洞。在地底下有一個花崗石
打造的墓室，以及四間壁面嵌以青色彩繪陶磚的倉
庫，雖然還不清楚這些地下設施做何用途？不過，
從倉庫所出土的木製擔架、木箱木柱，與卡夫拉金
字塔內所發現，作為搬運法老王雕像所使用的器具
大致相同，從這一點可以推測出，卓瑟金字塔應該
是繼它之後出現的小型金字塔的先驅。

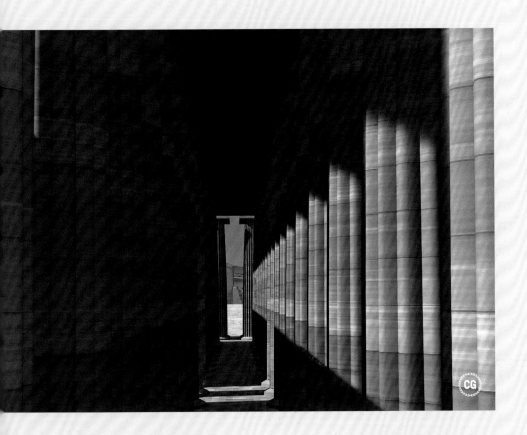

列柱群

　　採複數圓柱支撐屋頂的建築手法，又稱為
多柱形建築。卓瑟的梯級金字塔率先運用在入
口處的甬道上。圓柱造型中，有含苞的蓮形
柱、開花蓮形柱、鐘形或開花形莎草紙柱、莎
草紙叢形柱、含苞莎草紙形柱等多種造型。而
且圓柱也仿造木柱塗成紅褐色。

入口甬道

　　列柱群與入口甬道都是出自設計卓瑟梯級金字塔的建築師伊姆霍特普之手的新建築式樣，由於呈開放式建築，所以後世的法老王建築師們才得以自由參觀。在天井的部分，則是模仿過去以木材和蘆葦綑綁成圓形梁柱的傳統建築法打造而成的。

卓瑟梯級金字塔遺址包含了石灰岩圍牆、中央的梯級金字塔、舉行祭典用的中庭和祭壇，以及祭殿等複合式設施，就和吉薩的金字塔群一樣，而且保存狀態良好。

　　其中，中庭是特別為了國王舉行再度加冕，接受臣子朝拜的「賽德祭」儀式而打造的。這是法老王即位三十週年時，所舉辦的祭典，目的是為了證明自己還年輕力壯，而在群眾面前奔跑炫耀體力的活動。想像法老王為了賽德祭，天天祕密地勤加鍛鍊體能的模樣，就覺得有趣。

　　賽德祭實際的情景，被雕刻在金字塔建築群的地下空間裡，浮雕上國王的士兵奮力高舉雙手雙腳，勇猛健跑的模樣栩栩如生，五千年後的我們透過這些浮雕才得以窺見當時的盛況。

　　而浮雕周圍所裝飾的彩繪陶板散發出漂亮的土耳其藍光澤，更是將卓瑟王健步如飛的姿態巧妙地勾勒得生動萬分。

　　雖然現存的這座複合式梯級金字塔並非保存得完整如昔，但透過地下的浮雕與持續進行中的修復作業，依然能讓造訪者的想像力盡情馳騁。

　　繼卓瑟王階梯金字塔出現之後，經過後世不斷地嘗試修改，金字塔終於達到最完美的境界，呈現出絕世的風華。

造型特殊的
金字塔群

從薩卡拉到達夏爾

AD.2005

從薩卡拉往南來到梅多姆（Meidoum）、達夏爾一帶，可以看到幾座造型十分特殊的金字塔。

首先映入眼簾的是位在梅多姆的「崩塌金字塔」。一般認為這座金字塔是在卓瑟王之後間隔幾十年之久即位的胡尼（Huni）王任內開始著手建造，而在斯內夫盧王（Snefrou）任內完成的。可是，原來覆蓋在最外層的石塊不知何故地崩塌了，結果變成現在所看到的樣子。坍塌成三層構造的金字塔其內部結構為何？又內側為何填裝了特別琢磨過的上等石塊？許許多多的謎題，加上塌落的沙土堆積形成一座小山丘，整座金字塔呈現出非常神祕的景象與氛圍。

除此之外，位在達夏爾同樣也是由斯內夫盧王所建造的，還有曲折金字塔和紅色金字塔兩座金字塔。關於曲折金字塔的形狀，學者間意見紛歧。有人以為是建造過程中金字塔突然塌落，緊急修正其傾斜度所致；也有人認為是因為建造中法老王突然駕崩所致，種種的推測迄今仍未有定論。至於被視為第一座標準金字塔的紅色金字塔，則是因為所使用的石材為紅色，而有紅色金字塔之稱。不過照理來說，當初它的外層結構應該是和其他兩座金字塔一樣，都是使用打磨過的上等石塊堆砌而成。

附帶一提，斯內夫盧王金字塔的底邊比古夫金字塔寬，但因為金字塔的傾斜度較小，在視覺效果上反而看不出它的巨大。此外，研究埃及金字塔，特別是探索集大成的吉薩三大金字塔的發展過程，斯內夫盧王金字塔確實極具代表性，而且奇特的造型更是吸引眾人的目光。

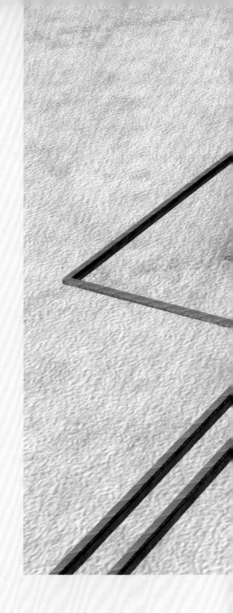

CG

崩塌金字塔

　　前頁圖即是由開啟第四王朝的法老王斯內夫盧王在梅多姆所建造的金字塔，古名為「永垂不朽的斯內夫盧」。

　　原來打算興建成七層梯級金字塔，但當在第四、五層完工前，卻又決定擴建為八層，可惜的是並未如期興建，之後又改建成標準的金字塔。

　　從祭壇內的石碑未刻上碑文這一點來看，推測可能在完工之前又再度遭逢停工。而現存的外觀僅有三層高，可能是外層裝飾與其內部的填充材料受到毀損導致嚴重塌陷，最後僅殘存內部主要的結構。

曲折金字塔

　　斯內夫盧王在梅多姆以北 40 公里處的達夏爾首度興建的金字塔，稱為「南方閃耀的金字塔」。原本計畫興建成傾斜度 60 度的小型金字塔，但因為蓋在含有細砂、黏土等成分的不穩定地基上，而造成地層下陷，建築物出現龜裂，在緊急應變下，加強底層四周並改成傾斜度約 55 度的金字塔。

　　其後，又再度以傾斜度約 43 度加蓋上去，而形成了現在所見的曲折形金字塔。其規模為底寬 188 公尺、高 105 公尺。旁邊還有小型金字塔，東側有一座小禮拜堂，並有一條長 210 公尺的甬道銜接河岸神廟。

🔹 紅色金字塔

　　斯內夫盧王在達夏爾所興建的第二座金字塔，古名為「閃耀的金字塔」，又稱「北金字塔」，這座金字塔應該就是斯內夫盧王的陵寢。本來，斯內夫盧王打算將他即位三十週年時所完成的「南方閃耀的金字塔」作為陵寢，後來不得已放棄了該計畫。

　　因為有了前次興建曲折金字塔時的失敗教訓，於是將這座金字塔設計成傾斜度為 43 度的金字塔。規模為底長 220 公尺、高 105 公尺。而且還發現到一座小型祭殿，這與繼古夫王之後所發現的祭殿不同，並不具有作為禮拜堂追思法老王的功能，而是作為在舉行葬禮時準備祭品所用。

超乎想像的巨大實體

如果，古埃及遺跡現身東京

比實際所見大得多

古埃及遺跡規模之大，迄今世界上能與之分庭抗禮的建築物實在屈指可數。親身走一趟埃及，應該可以深刻體會到她的偉大吧！不過，即使親眼目睹，就某一方面來說，仍然有所不足，怎麼説呢？因為包括金字塔在內的古埃及遺跡，幾乎都是矗立在廣闊的台地上，僅用肉眼看，還是無法真實的感受到，這些巨大的古蹟實際存在我們的生活中。因此筆者嘗試把「如果古埃及遺跡現身東京」這樣的構想，利用 CG 電腦合成，讓大家可以稍具現實感地體驗一下。

首先，在這一頁裡，將東京新宿新都心一帶的衛星圖加入古埃及遺跡來做個對照。

從合成圖來看，可以了解到吉薩金字塔群和東京明治神宮、代代木公園一帶的大片綠地差不多大小；金字塔也和棒球場等國立競技場差不多大，話雖如此，別忘了金字塔可是高度超過一百公尺以上哦！換句話説，如果金字塔真的在東京，它的存在感絕對遠遠超過地圖上所顯示的。那麼，到底有多大呢？從下一頁起，就讓我們透過合成圖像來感受它的存在吧！

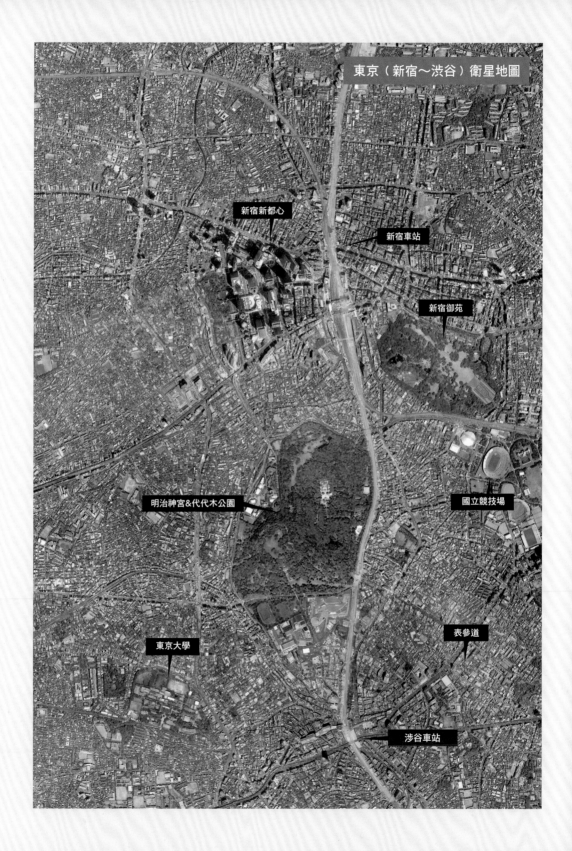

東京（新宿～渋谷）衛星地圖

新宿新都心

新宿車站

新宿御苑

明治神宮&代代木公園

國立競技場

東京大學

表參道

涉谷車站

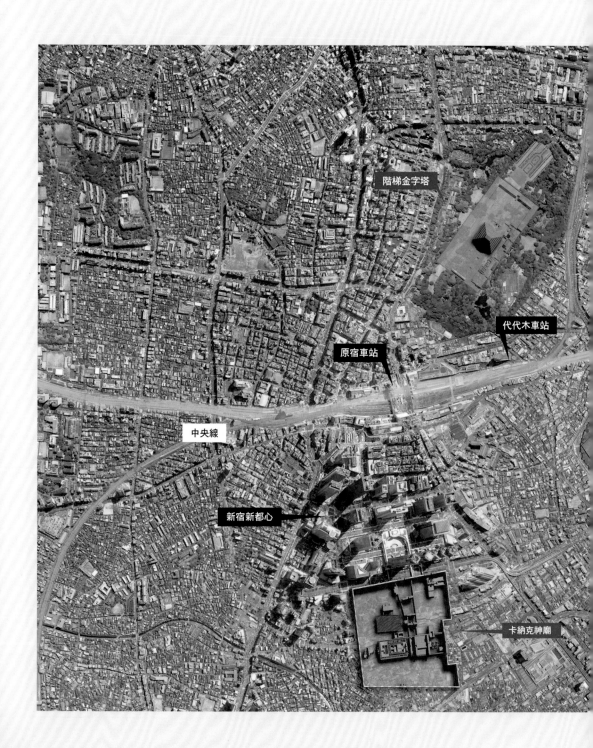

階梯金字塔

代代木車站

原宿車站

中央線

新宿新都心

卡納克神廟

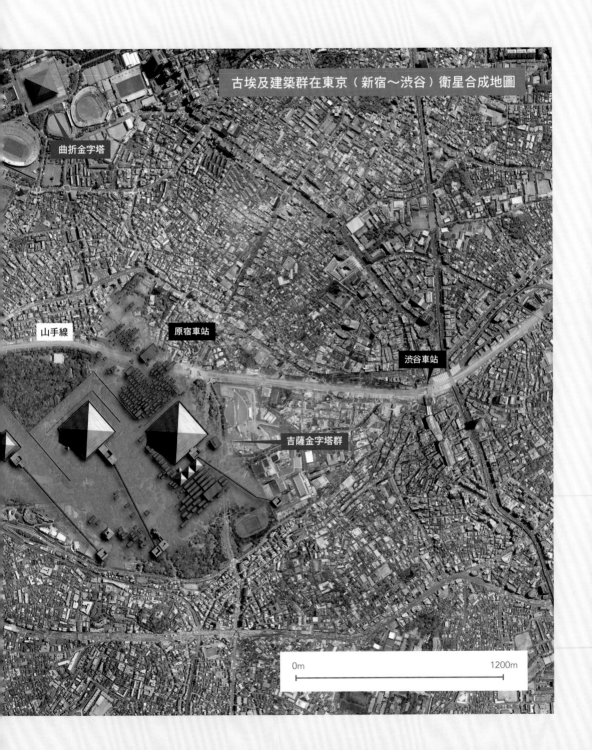

古埃及建築群在東京（新宿～渋谷）衛星合成地圖

曲折金字塔

山手線

原宿車站

渋谷車站

吉薩金字塔群

0m　　　　　　　　　　　　　　　　1200m

代代木公園 VS. 吉薩金字塔群

　　這是從東京都廳南側的眺望台鳥瞰代代木公園、明治神宮的景象，號稱東京 23 區的城市公園內第四大的代代木公園，以及緊鄰的明治神宮之面積，合計達 120 萬平方公尺，比皇居的 115 萬平方公尺略大，也就是大約涵蓋南北 1500 公尺，東西 1000 公尺左右的廣大區域。

　　相對地，吉薩金字塔群包括主要設施在內，其所涵蓋的面積，東西南北約 1200 公尺左右，也就是説，大概可以涵蓋東京代代木公園一帶的面積。

　　如果有機會到明治神宮散步，不妨一邊想像這裡若出現高達 140 公尺的建築物會是什麼樣的景象？

卡納克神廟 VS. 新宿中央公園

　　位於新宿新都心，東京都廳西側的新宿中央公園，南北長 500 公尺、東西 200 公尺，面積約為 8 萬 8 千平方公尺（約兩個東京巨蛋大），這裡是新都心上班族散心的好去處。

　　這樣大的一座公園若和東西長 540 公尺、南北西側長 600 公尺、東側長 500 公尺，號稱埃及最大的神廟——卡納克神廟相比的話，新宿中央公園是無法涵蓋過整座神廟的，因此筆者取神廟第一塔門到圖特摩斯三世祭壇之間主要的建築物來做電腦合成圖（詳細內容參考 98 頁以後），這才將神廟的一部分納入新宿中央公園的範圍內。若要將整座神廟都收納進來，到底需要幾座東京巨蛋呢？

東京車站 VS. 古夫金字塔

　　別稱「煉瓦火車站」的東京車站丸之內主體建築，於 1914 年竣工，已被指定為「重要文化財」（古蹟），落成當時長 335 公尺、高 46 公尺，建築物兩端的南北出口呈蛋形造型，在二次大戰時遭到毀損，原本三層樓高的建築變成二層樓高，之後就一直保持到現在。車站主建築的南、北出口（蛋形）兩端的距離和古夫金字塔的長度相當，只不過古夫金字塔的高度超過 100 公尺，稍微發揮一下想像力，一定能感受到金字塔壓迫性的巨大存在吧！

　　附帶一提，如果將古夫金字塔放到東京車站，它的底部超過後站八重洲出口站外，還直逼到八重洲中央出口處外的圓環附近。若換算成東京電車長度，大約比東京山手線十一節車廂的全長還多了 10 公尺。

CG

阿布辛比勒神廟 VS. 台場

　　阿布辛比勒神廟高 33 公尺、寬 33 公尺、深 64 公尺，而這還只是入口部分的大小而已，實際上神廟是挖鑿巨大岩山而成的建築，所以規模要比圖中所見的更大，而且高度相當於八、九樓高的大樓。

　　筆者試著把阿布辛比勒神廟放到東京灣的台場第三炮台區來做對照。德川幕府末期，為了驅逐由美國海軍將領培里所率領的外國艦隊入境，幕府政府於嘉永 6 年（1853 年）在品川設置七座炮台，其中只開放第三炮台區讓民眾參觀，此炮台區四邊各長 180 公尺左右。從上圖可以清楚看出阿布辛比勒神廟位於台場的景象。另外，從海灘到炮台的距離則在 400 公尺以上。

東京灣區 VS. 梯級金字塔

　　上頁我們做了台場和阿布辛比勒神廟的對比。接著換個場景來看看。

　　這張照片是從台場往東京灣區方向的景觀。這裡聚集了 DECKS 東京 BEACH 購物中心、AQUACITY、富士電視台大樓、日航東京飯店等一流的公司，是東京都內流行最前線的地區。

　　讓我們試著將卓瑟王所興建的梯級金字塔放進來，看看它超越時空四千六百年後與現代接軌的精采演出。

　　和高 123 公尺、寬超過 200 公尺的富士電視台大樓（中央處有一球體者）相較之下，梯級金字塔高 60 公尺、底 140×118 公尺，只是富士電視台大樓的二分之一，不過若以兩者的建築年份來看的話，梯級金字塔四千六百年的歷史絕不可小覷。附帶一提，古夫金字塔不論規模或高度都遠超過富士電視台大樓的規模。

鎌倉大佛 VS. 人面獅身像

　　最後是鎌倉大佛和人面獅身像的大對決！

　　照片中的鎌倉大佛，約於 1252 年開始動工興造（完成年代不明），高 13.35 公尺，若扣除佛像座台，則為 11.35 公尺；而人面獅身像的高度是 20 公尺，略勝一籌。不過，據說鎌倉大佛完成時全身覆以金箔，其華麗的氣勢絕對可媲美人面獅身像吧！

　　附帶一提，奈良東大寺的大佛於西元 752 年開眼供奉，其高為 14.98 公尺。而坐佛中號稱日本第一大的是，位於千葉縣鋸山「日本寺」的石佛（1783 年建造），高為 31.5 公尺；至於立佛中以茨城縣的「牛久大佛」最高，高 120 公尺，這尊佛像建於 1992 年，算是年份最淺的。

第二篇

神廟

卡納克神廟

古埃及規模最大的神廟

　　尼羅河自中游成匚字形向東蜿蜒，在其南側有一古都──路克索，古埃及時代稱為「百門之城瓦塞特（waste，希臘名為底比斯）」。到了中王國時代，以宗教城市繁榮一時，此地最為顯赫有名的就是卡納克神廟。

　　自古就是阿曼神信仰中心的瓦塞特，剛開始只是一個小小的地方城市，但到了中王國時代後期，當時下埃及為異族西克索（Hyksos）所統治，埃及王族揭竿起義，打倒西克索，讓下埃及重獲自由，並定都於此，也就是現在的路克索。

　　到了新王國時代，瓦塞特進而成為整個埃

及的首都，原來作為地方主神的阿曼神，結合
太陽神瑞成為「阿曼‧瑞神（Amon-Re）」，
並被賦予國家最高神祇，因此其位在首都北區
的神廟，即現今的卡納克神廟，便和首都一起
大大地繁榮了起來。

特別是以埃及史上最為蓬勃發展的新王國

時代為中心，有好幾位法老王為了誇耀自己
的權勢，幾番增修卡納克神廟，使得卡納克
神廟的規模大得驚人，是現在埃及規模最大
的神廟。

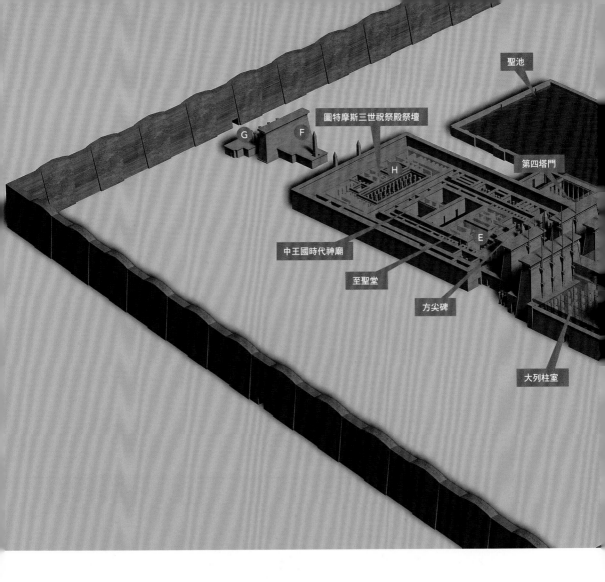

聖池

圖特摩斯三世祝祭殿祭壇

第四塔門

G F

H

中王國時代神廟

至聖堂

E

方尖碑

大列柱室

卡納克神廟的結構

埃及現存神廟中規模最大的卡納克神廟，東西長約 500 公尺、南北長約 1500 公尺。內部設有供奉阿曼神、穆特神、孔蘇神等眾神的神殿，另外，附屬設施中還有法老王們以自己的王名為名義所建造的眾多小神廟、祭壇、庭園，以及法老王禮拜前沐浴淨身用的聖池等等，林林總總的建築物總稱為「卡納克神廟」。

卡納克神廟甬道兩側，排列著四十座被視為是阿曼神聖獸的羊頭獅身雕像。經過第一塔門、列柱室、第二塔門、大列柱室、第三塔門、第四塔門、第五塔門，然後來到至聖堂、中王國時代的神廟，繼續往內則是圖特摩斯三世的祭壇，整個建築主軸非常精準地按東

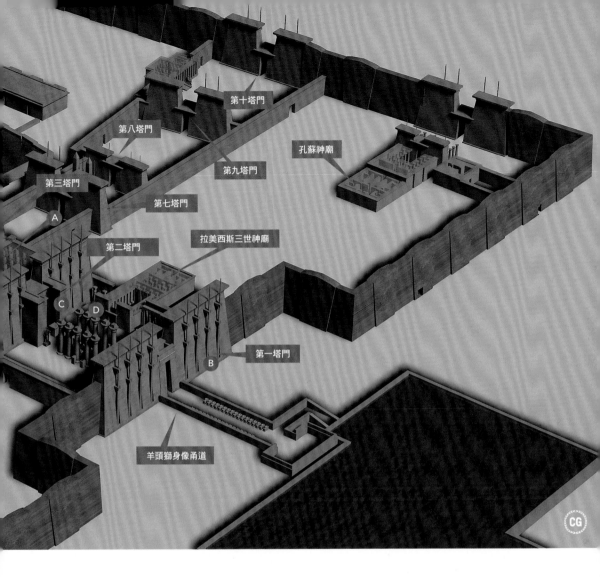

第十塔門

第八塔門

第九塔門

孔蘇神廟

第三塔門

第七塔門

A

第二塔門

拉美西斯三世神廟

C D

第一塔門

B

羊頭獅身像甬道

CG

西向依次展開。

　　此外，各處還可看到許多各朝法老王在增建神廟時所興建、上頭銘刻自己王名的方尖碑（頂尖像金字塔形的紀念碑）或法老王雕像，藉以向神明報告自己在位時的豐功偉業。

　　卡納克神廟在古代又稱為「精選寶地」。最後的增建工程是托勒密八世時建造的。如果

以此來推算的話，那麼有長達一千九百年以上的時間持續進行增建工程，這一點又讓卡納克神廟在世界建築史上，榮登建造時間最長第一名寶座。

古埃及神廟的社會機能
及宗教之都路克索

從羊頭獅身像甬道旁眺望第一塔門，左側
可以看到石塊堆砌一半尚未完工的遺跡。

大列柱室的巨柱群

同一神廟裡供奉眾多神明的埃及神廟

　　古埃及遺跡中規模最大的卡納克神廟，在初建完成之後，仍持續不斷進行增建近兩千年之久，其發展的歷程其實與古埃及文明中神廟的發展有著極大的關聯。

　　卡納克神廟所在地的路克索（古代名為瓦塞特）原來是擁有三座小神廟，香火鼎盛的小城市。

　　多神信仰的古埃及，同時供奉地方信仰的在地神明，和某些特定信仰的神明於一處的情形並不罕見，這就像在日本經常能看到同一廟裡供奉不同的神明，或是與結緣的神明的小祠堂一同並列奉祀那樣。

　　在基督教、回教教義中是絕對不允許有山川等自然現象的信仰習俗的。但是在多神信仰的社會中，即使接受了新的神明信仰，舊有的神廟也不會被破壞，而是兼容並蓄地廣納包容。所以古埃及人到外地時，一定會到當地的神廟參拜一番，有些人還專程四處參拜各地神廟呢！

　　舉例來說，位於尼羅河下游的布巴斯提斯（Bubastis），以供奉貓神巴斯泰女神聞名。過去貓因為能幫人們捕食妨害農作物收成的老鼠而受到人們的喜愛，據說現在的家貓的祖先原來就是居住在尼羅河流域的野山貓，經古埃及人馴養而慢慢成為後來的家貓。

　　巴斯泰神廟裡供奉著許多貓木乃伊，當然這些木乃伊並非全都是真的貓屍做成的，有很多只是用布包裹成貓的形狀而已。在神廟附近

從第二塔門眺望列柱室。

第一中庭。從正面可以看到第二塔門。　　　　　　　　　第四塔門附近的雕像。

有小販專門販賣這種裹布木乃伊，很多到神廟參拜的人會拿著裹布木乃伊到神廟裡供奉，祈求女神的庇佑。

　　像這類的信仰習俗不限於布巴斯提斯一地，有很多神廟都視動物為神明。例如在開羅南方的孟斐斯則信仰著牡牛神阿匹斯（Apis），在此地按膚色形體遴選出牛隻，以作為阿匹斯神牛而加以飼養，一旦神牛死了，就把牠作成木乃伊放進棺木，安置在神廟地下的墓室裡供奉。十九世紀時發現了這座地下墓室，墓室稱為「聖牛墓（Serapeum）」，加上全長 200公尺的地下甬道，整座神廟遺跡規模頗大。

　　而距卡納克神廟以南 3 公里外有一座路克索神廟，這座神廟是為了祭祀阿曼‧瑞神所建造的特別「離宮」，神廟裡供奉著阿曼‧瑞神之妻穆特神。當尼羅河氾濫期間這裡會舉行歐佩德祭典（Feast of Opet），此時法老王會親自將安奉在神廟至聖堂裡的阿曼‧瑞神迎上裝飾華麗的小船上，在祭司們的護駕下，與法老王一起出巡，最後抵達路克索神廟。只有在此

神轎出巡時，人們才得以瞻仰安奉在神廟裡的阿曼‧瑞神以及法老王的尊容，並得以對其參拜一番。抵達路克索神廟的阿曼‧瑞神，最後被迎至路克索神廟裡的至聖堂，與其妻穆特神在祭典期間並祀十天。

　　祭典期間熱鬧喧騰，人們暫時從忙碌的工作中解脫，男女老幼特別盛裝打扮上街玩樂。到了祭典最後一天，法老王再度和阿曼‧瑞神的神像一起靜靜地乘船離開路克索神廟，回到卡納克神廟。這個一年一度舉行的祭典十分有名，有許多人從全國各地專程慕名而來，甚至有遠從國外來的，透過此一祭典，全國境內的物資得以流通，對南北國土狹長的埃及而言，此祭典期間正是彼此交流資訊的最好時機。

　　在現代埃及社會中仍保留著向神廟進貢的習俗。生活不虞匱乏的人拿出食品、葡萄酒等各種東西獻給神廟，以支持負責管理神廟的祭司們的生活，同時信徒也可透過到神廟參拜、貢獻神明，來祈求添福報以及神明的護持。

圖特摩斯三世雕像。

政治與宗教密切結合的古埃及社會

　　只不過在人們單純的宗教信仰背後，神廟的存在其實還有作為統治者的統治工具的一面。

　　卡納克神廟所在的路克索，自新王國時代起成為首都，繁榮一時，而原本只是在地信仰的阿曼神也因而一躍成為埃及眾神之首。

　　阿曼神以法老王鎮守的首都守護神為名，而享有眾神之父——太陽神瑞的頭銜，並擁有強大的威信，也因此歷代法老王虔誠地大肆增建卡納克神廟，當然隨著信徒的進貢增加，祭司們的財富權勢也跟著日漸強大，最後阿曼‧瑞神的祭司們以其龐大的財富和權力進而干涉國家政治，大約從阿曼霍特普二世（西元前一千四百年左右）起，其勢力開始影響法老王的威權。

　　有不少學者認為阿曼霍特普四世（後來改名為阿克納吞）所發動的宗教改革，改信仰阿吞神（以太陽光環形象呈現的神明），其實與遏止阿曼神祭司的惡勢力有關。阿克納吞王在宗教改革中捨棄了高度繁榮的路克索，而遷移至北方數百公里外的新都「阿克阿吞」（即現今的阿馬納土丘），只是這次的改革過於激進，當時的人民普遍無法接受，所以當阿克納吞王死後不久，繼任的法老王又再度遷都回路克索，並繼續以阿曼‧瑞神為信仰中心，當然祭司們的勢力也再度恢復。

　　其後，隨著法老王權勢的衰退，以及淪為異族統治等因素，首都再度自路克索遷離。即便如此，卡納克神廟自古以來作為埃及宗教核心的地位依然不變，加上受到歷代統治者的庇護，特別是經過拉美西斯二世大力增建，形成現今如此巨大的規模。

圖特摩斯三世祭壇後方的舊遺跡群。

圖特摩斯三世祭壇。

卡納克神廟
穿越時空之旅

持續興建長達一千九百年的卡納克神廟，
如果有一天時光倒轉，您以紀元前四世紀第
三十王朝的貴族身分來到神廟視察……

羊頭獅身像甬道

　　首先映入眼簾的是，甬道兩側井然有序地排列著四十座羊頭獅身像與阿曼神像。聖獸強而有力的大捲角，細緻的雕紋與色彩極富美感，整體看來莊嚴有序，氣勢雄偉。

　　站在設計優美的甬道上想像著，明天這裡將會被打掃地一塵不染，等待乘著華麗神轎，由大批官吏、侍者陪侍在側前來的法老王，那聲勢浩大的參拜隊伍。

第一塔門

　　從南方尼羅河上游的路克索神廟一路來到羊頭獅身甬道，過了甬道，眼前出現十分壯觀的第一塔門，這座塔門是第三十王朝的奈克塔尼保一世（Nectanebo Ⅰ）贊助興建的新建築，身為西元前四世紀第三十王朝貴族的您，造訪此地時，這裡還沒興建完工呢，您瞧！在左側還留著尚未堆砌的石塊呢！不過，您應該可以想像出當它完成時會是如何地壯觀吧！

　　而高高豎立在塔門前的八支旗桿，當尼羅河的微風徐徐吹來，旗幟隨風飄揚，更增添雄壯威武的磅礡氣勢。

第二塔門・第一中庭

　　來到這座塔門肯定會讓您屏息大大地讚嘆它的巨大壯麗。

　　塔門高 43 公尺，純白的壁面上裝飾著諸神及法老王的浮雕，塔門中央處高高聳立著左右對開、以珍貴杉木覆以金箔打造的黃金門，在陽光的照射下閃閃發亮，塔門前方兩側則矗立著偉大的拉美西斯二世的巨大雕像，彷彿守護著塔門，睥睨著通過塔門的人似的。

　　附帶一提，除了特別的節慶日之外，一般人是不能通行此門的。不過，別忘了此時的您可是準備來此視察、高高在上的貴族喔！所以，眼前的黃金塔門大敞，迎接您的到訪呢！

　　穿過黃金塔門，從巨大的列柱之間往右手邊望去，可以看到拉美西斯三世的小神廟，神廟前的空地，自紀元起即稱為「第一中庭」。

大列柱室

　　穿過第二塔門，來到由第十九王朝拉美西斯二世所建造的列柱室，其宏偉的氣勢，可說是神廟最大的魅力所在，即使是白天，這裡就像深邃幽暗的森林，聳立著宛如神木般的石柱，每根石柱高 23 公尺，共 134 根，而列柱室寬 102 公尺、深 53 公尺。仔細端倪列柱底部和天井處，便可以了解列柱室是取自創世時，浮出沼澤地面的莎草紙的印象所創作的。

列柱室壁畫

　　列柱雄偉的氣勢容易讓人忘了這裡還有精采的壁畫和碑文，栩栩如生地描繪著守護神殿的眾神及法老王的畫像。占據正對著神殿左側、一整面壁面的壁畫讓人深深感受到，被視為埃及史上最偉大的法老王拉美西斯二世其顯赫的王權氣勢，精美的彩繪可是只有在這裡才能親眼目睹，可得仔細鑑賞一番！

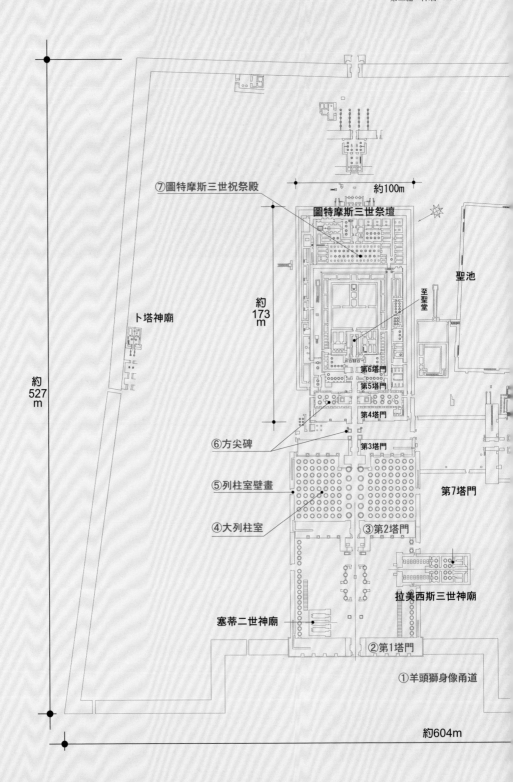

⑦圖特摩斯三世祝祭殿

圖特摩斯三世祭壇

約100m

卜塔神廟

聖池

約 173 m

至聖堂

第6塔門

第5塔門

第4塔門

⑥方尖碑

第3塔門

約 527 m

第7塔門

⑤列柱室壁畫

④大列柱室

③第2塔門

拉美西斯三世神廟

塞蒂二世神廟

②第1塔門

①羊頭獅身像甬道

約604m

阿曼霍特普二世神廟

第10塔門

第8塔門　　第9塔門

孔蘇神廟

歐佩德神廟

卡納克神廟平面圖

　　這是從祭司手中拿到的神廟平面圖，從中可以看出神廟是如何地占地廣大而複雜了吧！這張地圖大概是祭司怕大家迷路特別製作的吧！想像您剛通過大列柱室，來到這個由圖特摩斯三世所興建的第三塔門與圖特摩斯一世所興建的第四塔門間的區域，眼前高高聳立的方尖碑可說是最好辨識的地標喔！

方尖碑

　　高聳在您眼前的是方尖碑，有人說方尖碑是從埃及金字塔進化而來的新造型，高聳入雲的形狀象徵從天而降的太陽光芒，有許多法老王會為自己建造方尖紀念碑。這裡的方尖碑是圖特摩斯三世等多位法老王，在增建神廟時為奉祀神明所建造的（約在西元前一千三百年時）。再往裡頭走，還可以找到埃及史上首位女法老王哈謝普蘇女王的紀念碑。

CG

圖特摩斯三世祭壇

　　這也是圖特摩斯三世所建造的建築物，內部有描繪美麗的動植物壁畫，平常不對外開放。不過，只從建築物外觀還是可以感受到祭壇的壯麗，就讓我們把祭壇的景象留在腦海中慢慢回味吧！

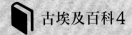

埃及，
多神信仰的國度

了 解 諸 神 的 存 在 ， 掌 握 古 埃 及 文 明 精 髓

埃及多神信仰與日本原始信仰相似？

　　古埃及文明的魅力之一，無庸置疑地，就是諸神的存在吧！

　　獸頭人身的奇異造型，或是以某種姿態現出特殊形象，都令人印象深刻。看似怪物般的體態之所以吸引人，應該源自古埃及宗教思想中對自然崇拜的魅力吧！

　　日本人熟悉的神話故事裡的眾神，在古埃及文明中也有類似的概念，古埃及人認為在天地、空氣、花草、動物等與人類共存的萬物中，其實存在著眾多的神靈。

　　古埃及人以為，鳥之所以能在天空飛翔，而人卻做不到，應該是鳥身上具有某種神力之故，於是以極純粹的心崇拜鳥。或是因為懼怕鱷魚而虛擬出有著鱷魚頭形的神像；因為畏懼胡狼而發展出帶胡狼頭形的神像。諸如此類，埃及人對自然的敬畏之心，隨著時空的轉變，埃及的眾神也不斷地變化，產生出為數眾多的多神信仰。

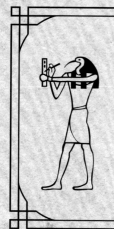

Thoth
托特神

為下埃及的古老神明，被視為智慧、醫術、科學之神，也是為埃及帶來文字之神，同時也是主宰時間之神，有時也被視為月亮之神，有時以狒狒姿態出現。

Isis
伊西斯神

為天神與地神的女兒；冥神俄賽里斯之妻；何露斯神之母，擅長魔法，因為設法讓慘遭殺害的丈夫俄賽里斯復活，而被視為守護丈夫子女的貞德之母，深受世人尊崇。對後世的聖母馬利亞信仰也有一定的影響力。

Re
太陽神瑞

為眾神之父的太陽神，地位高於眾神之上。一般認為眾神只要能得到太陽神瑞的力量，就能擁有更強大的神力。此外，按日出、日正當中、日落會以不同姿態出現，並有不同的名稱，具有非常特殊的存在。本圖為與荷拉克提（Horakhty，何露斯本名）形象合一的太陽神。

Horus
何露斯神

頂著老鷹頭的天空之神，挑戰謀害其父俄賽里斯神的塞特神，為父親報仇血恨並因而登上法老王寶座，且被視為法老王的守護神而深受崇拜。其右眼代表太陽，左眼代表月亮，而圖騰化的眼睛稱作「烏賈之眼」，也被當作幸運符佩戴。

Amon
阿曼神

原本是尼羅河中游，即現今路克索的地方神，由於該地一度作為首都，因而被冠上太陽神瑞之名號，稱做「阿曼・瑞神」，在新王國時期被奉為主神而備受尊崇。

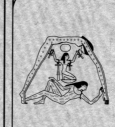

Geb Nut Shu
蓋伯・努特・舒
三位一體神

分別為主宰天地氣之三神。一般認為太陽是女神努特所生，到了黑夜就會被女神吞回肚裡。三神乃創世之神，大多以三位一體的形態出現。

Anubis
阿努比斯神

被認為是負責秤量死者生前功德、缺失，以及製作木乃伊之神，其夜間活動的胡狼形象被視為引領死者到冥界的守護神。

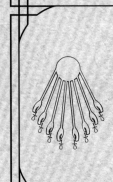

Aten
阿吞神

曾是阿克納吞王治世時之主神。以象徵太陽溫暖和煦的光芒為形象，施予世人慈悲。

Osiris
冥神俄賽里斯

傳授農耕技術的豐收之神。遭胞弟殺害後復活成為冥界之王，負責審判死者是否具有資格可以進入冥界樂園；以象徵木乃伊的白色裝扮現身。

Nephthys
尼菲堤斯女神

伊西斯女神之妹，雖是塞特神之妻，卻因幫助姐姐讓姐夫俄賽里斯神重新復活，而被視為死者的守護神，埃及棺槨上經常繪有尼菲堤斯女神的圖像。

Set
塞特神

沙漠之神。俄賽里斯神之弟，因覬覦其兄王位而殺害兄長，後來遭到其甥何露斯神的復仇。此外，祂也是太陽神瑞搭乘太陽船返回天空時，負責站立在船頭護衛的英勇戰神。

Bastet
巴斯泰女神

有著貓形象的女神，是幫助農作物不被老鼠破壞的神格化之貓化身。同時也是音樂舞蹈之神，深受世人喜愛。

首位法老王是老鷹之神
王權與神話的關聯性

在埃及眾多神話中，最容易了解的神話故事當屬埃及的創世神話。以下就來為大家介紹一下創造古埃及眾神的神話故事吧！

當世界還是一片混沌、宛如海洋時，誕生了一位叫做阿吞的太陽神，阿吞神創造出天「努特」、地「蓋伯」、空氣「舒」三神，天神努特是女神，祂和地神蓋伯生了四個孩子，這四人分別是男神的俄賽里斯神和塞特神兩兄弟，以及女神的伊西斯神和尼菲堤斯神兩姐妹。

長男俄賽里斯神傳授農耕技術給人類，在祂的帶領下埃及成了富饒之地，俄賽里斯並因此獲得人民的尊敬，登上法老王寶座。而弟弟塞特神作為沙漠之神，卻得不到眾人的愛戴，於是心生怨恨，施計將兄長俄賽里斯囚禁，鎖在棺木裡丟入尼羅河，俄賽里斯的妻子伊西斯神拚命尋找丈夫，終於在地中海沿岸發現俄賽里斯的棺木，只可惜俄賽里斯早已氣絕。傷心欲絕的伊西斯忍痛將丈夫的屍體運回埃及，得知消息的塞特又再度狠心地將俄賽里斯的屍體分屍，分撒在埃及四處，塞特於是如願登上法老王寶座。

懂法術的伊西斯再度想盡辦法，以法術將丈夫分散四處的屍體加以拼湊起來，只是這次卻無法讓俄賽里斯起死回生，後來俄賽里斯便成了冥界之王。

伊西斯在四處搜尋丈夫屍體時，生了一個兒子，名叫何露斯。長大後的何露斯為了替父親報仇，便向叔父塞特下戰書，結果打敗叔父，登上法老王寶座。埃及王國的歷史也從此揭開序幕，之後埃及的法老王便被視為是何露斯神的化身，而何露斯神也成了法老王的守護神。

在何露斯為父報仇並成為埃及開國始祖的這段神話裡，清楚地勾勒出埃及眾神的特質，同時也反映出地方崇拜諸神的分裂局面逐漸統一起來的歷史過程。

俄賽里斯神出自上埃及地區阿比多斯（Abydos），而討伐敵人的何露斯神也是出自上埃及地區；至於扮演壞人角色的塞特神則是出自下埃及地區，所以統一上下埃及的是出身上埃及的統治者，由此可以推測出神話中登場，協助何露斯討伐敵人的眾神，其實就是代表在埃及全國統一時，勝利一方的地方豪族。

而壞人塞特神的妻子，也就是伊西斯女神的妹妹尼菲堤斯神，而有著胡狼造型的阿努比斯神，則是她的兒子（令人驚訝的是，他好像是尼菲堤斯神與俄賽里斯神婚外情生下的愛情結晶）。話說回來，神話中阿努比斯神和尼菲堤斯神後來也站到何露斯陣營，協助何露斯打倒塞特，並且在何露斯繼承王位後，仍忠心擁護何露斯神。

神話裡的阿努比斯神為了伸張正義，助他人殺害自己的父親，又忠心耿耿地輔助其同父異母的兄弟，這一點正符合了儒家文化中超越個人的兒女私情，大義滅親的正義形象。

埃及諸神的領袖──太陽神

在眾神之上，最為至尊的就是太陽神信仰。因為古代不像現代人可以自由控制光明，所以，對古代人而言，太陽是無可取代的重要存在。當日落之後，人們的視力無法在黑暗中清楚辨識，必須等待日出之後才能再度自由活動。如果太陽不再出現，黑暗將永遠存在，如此一來農作物將無法培育，人們也將無法生存。因此，太陽一定要每天從東方出現，為世界帶來光明。

那麼，不單單是古埃及人，凡人類生活在地球上，都具備了深切想要去珍惜太陽存在的心情與本質。也因此古代人認為太陽是賜予人類，甚至是宇宙諸神力量的源頭，因而虔誠地崇拜太陽神。太陽神在埃及宗教史上經常位居中心地位，像前面提及的太陽神阿吞神，或是另一宗教體系下的太陽神瑞，還有其他同樣代表太陽神的眾多神明，並且埃及人相信其他諸神如果能得到太陽神的助力，就能獲得更大的力量。

最特別的是，如果出現某地出身的法老王，原本只是某地方所信仰的土地神就會與太陽神結合而升格為國家主神。只要有太陽神作後盾，就能成為萬能之神。而在萬能之神的神名上，加入法老王自己的名號，那麼法老王就會以神格化的萬能之神受到世人的尊崇。

埃及史上曾經有過一場為時甚短的宗教改革運動，第十八王朝時圖坦卡蒙王之兄（或其父），阿曼霍特普四世（又名阿克納吞王，西元前 1365 年）發起排除眾神、獨尊阿吞神的宗教改革。有學者認為阿克納吞王之所以發動宗教改革，是為了抵制當時位於尼羅河中游的首都瓦塞特（即現今的路克索）地區之主神阿曼神祭司們，防止大神官們日趨龐大的勢力，以及干預王權所發動的改革計謀。

值得一提的是，阿克納吞王當時所提倡的教義內容；他以為在太陽神阿吞神之下，無論平民或貴族一律平等而無貴賤之分。這樣的思想與後來的基督教，甚至是民主主義思想其實十分相近。只可惜這樣的思想在當時被視為太過新潮，而無法深入人心，甚至不被接受，雖然對勢力龐大的阿曼神祭司起了一時的牽制作用，但當阿克納吞王一過世，阿吞神信仰立即被推翻，而為了擁護阿吞神信仰所興建的新都也跟著遭受破壞，連帶阿克納吞王的存在也隨之從歷史上一一被抹滅了。

深受一般民眾所喜愛的諸神

埃及史上除了有受到統治者人為操縱的神祇之外，還有許多與民間生活息息相關，深受一般民眾所喜愛的小神。

像是被尊為愛與舞蹈之神的哈托爾女神；為民驅除鼠害的貓神巴斯泰女神；還有守護家宅保佑孩童，做吐舌樣有著幽默造型，守護嬰兒的貝斯神（God Bas）等等，都是深受民間百姓虔誠信仰的小神。祂們或被供奉在家中的

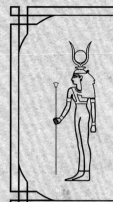

Hathor
哈托爾女神

帶著牛角牛耳形象的牡牛神哈托爾女神，有人說祂是哺育法老王何露斯神之母，也有說祂是何露斯神之妻。

Khnum
牡羊神可努姆

帶著雄羊頭的可努姆神，傳說祂是用泥土創造出埃及人的神明，原本是尼羅河上游湍流處的地方神。

Ma'at
馬特神

主宰真理之神，如果死者的心臟比女神頭頂的鴕鳥羽毛重的話，就會被視為是生前缺少良好品行。

Sobek
鱷魚神索貝克

有著鱷魚頭的索貝克神是尼羅河下游，特別是卡倫湖一帶所崇拜的神明，該地附近還發現到數量不少的鱷魚木乃伊。

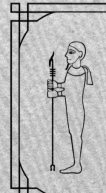

Ptah
卜塔神

為下埃及孟裴斯一帶古老的地方神，被視為是一位創造之神。同時也被視為是工匠美術界的守護神。

天空之神・何露斯

神壇上、或街頭的小廟裡，就好像是日本路旁所供奉的地藏神或稻荷狐仙一樣，深入民間生活中。

還有前面也曾提到的何露斯神之母伊西斯女神，其母性形象深受世人尊崇。有人以為此神是後來的瑪麗亞信仰之起源。

過去埃及人還有所謂的「阿比多斯」朝聖的習俗。位於尼羅河中游的阿比多斯就是前面曾提到的俄賽里斯神的出身地。埃及人認為一生中必須朝拜聖地阿比多斯，為此人們平時努力積蓄以備與家人或夫妻同行前往聖地朝聖。原來俄賽里斯神不僅是代表豐饒之神，同時也

是審判世人死後是否得以擁有安樂來世的冥神。可想而知，世人企圖藉由朝聖以祈求來世能過好日子的殷切期望。

其實換一個角度來看，朝拜聖地某種程度也算是度假旅遊，有些旅遊團在安排朝聖時，還會沿途順道參觀其他名勝。這就好比是台灣的「進香團」那樣。

另外，阿努比斯神以夜間在沙漠活動、啃食動物死屍的胡狼形象出現，祂被視為是在審判死者生前行為時負責天秤測重之神，同時也被視為是引領死者到冥界的「黑白郎君」。加上在神話故事裡，他因協助伊西斯女神把俄賽

死神・阿努比斯

里斯被分屍的屍體加以縫合使其復活，而被視為是製作木乃伊之神。

古埃及人豐富的想像力創造出眾神

　　像這樣透過對眾神的虔誠信仰，埃及人上自法老王、王公貴族，下自一般百姓，才得以克服對未來的不安與對死亡的恐懼，並且在眾神的守護下日日得以開朗過活，光這一點即知古埃及人要比現代人幸福得多吧！而這就是宗教之所以為人所需要最重要的原因吧！

　　古埃及眾神的存在，是人們對自然所抱持

的敬畏之心，以及豐富的想像力所創造出來的。經過長時間的發展，埃及的神明或被加以整合，或與外來的新興宗教融合，或是受到現實政治力的干預而不斷產生變化，但卻也始終支持著埃及人的心靈生活。

　　雖然埃及神話故事在現代人眼中顯得荒誕不經，但它傳奇的色彩卻也讓人覺得趣味盎然。眾神們形象分明的特色，對講求視覺效果的現代人而言依然有著無比的魅力。

AD.2005

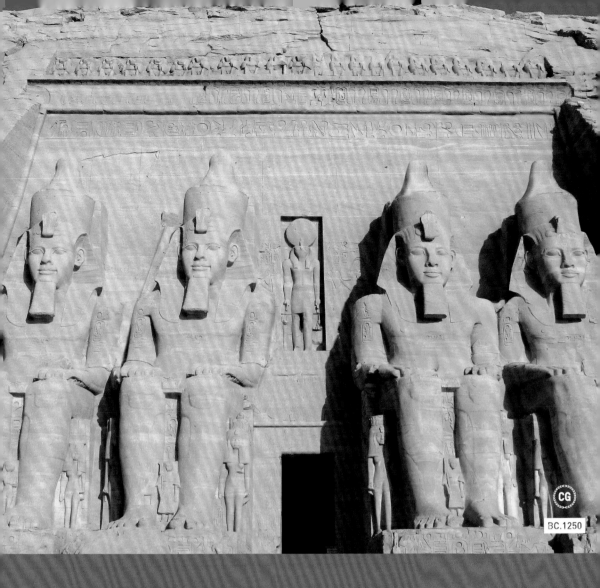

CG

BC.1250

阿布辛比勒神廟

南方的大型石雕紀念堂

阿布辛比勒神廟是埃及史上最偉大的法老王拉美西斯二世，於西元前 1250 年在尼羅河上游西岸所建造的神廟。

該地距離亞斯萬 240 公里，在古代這裡算是邊陲地帶，被視為是「埃及的盡頭」。

上溯尼羅河，來到亞斯萬水壩形成的人工湖泊納瑟湖畔，阿布辛比勒神廟的倒影靜靜地映照在湖面上，在這座人工湖形成之前，以亞斯萬為界，以南的尼羅河有幾處湍流，船隻往往無法再往前行，所以此處即為船運極限之地。阿布辛比勒一帶算是已經出了埃及國境，屬於「努比亞」邊境了。

建築在埃及邊陲地帶的阿布辛比勒神廟，是在 1820 年由瑞士人布爾卡德將之從埋沒的沙堆裡給挖出來，經過復原整理後，才得以重現全貌。

阿布辛比勒神廟的建築手法與其他古埃及神廟完全不同。簡單地說，就是鑿山建造，在山壁上雕刻巨大石像的神廟。

神廟正面高高並列著四尊高達 20 公尺的拉美西斯二世雕像，正面中央入口處的正上方，則雕飾著太陽神瑞．荷拉克提（Re-Horakhty，太陽神與何露斯的結合體）顯示此神廟乃是獻給太陽神。而在拉美西斯二世雕像的腳邊，還可見到拉美西斯二世的王妃、王子、公主等人的雕像。

神廟內部是深邃幽暗的岩洞，通道兩側的石柱裝飾著冥神俄賽里斯形像的拉美西斯二世雕像，壁面的故事則是描繪拉美西斯二世和西臺王國在卡德什（Quadesh）戰役時的戰爭場面，拉美西斯二世站在雙頭馬車上，拉開弓蓄勢待發的神勇英姿栩栩如生，還有歌詠其偉大功業的碑文，均是難得一見的佳作，氣勢雄偉非凡。

繼續前行 50 公尺，則是位在最裡面的至聖堂，這裡並列著直視入口方向神格化的拉美西斯二世雕像及三位一體神的坐像。

之所以興建這座神廟，其實還具有恫嚇、牽制居住在南方的努比亞等異族之意圖。努比亞自古就是埃及的鄰國，兩國間時而互相侵犯，時而互蒙友好，拉美西斯二世建設此座宏偉壯觀的神廟，一方面誇示自己的偉大，同時也對鄰國誇耀埃及強盛的國力，以達到恫嚇異族的目的。

此外，在神廟北側還建造了與神廟並列，同樣是鑿山壁建成的一座造型優雅的小神廟，這是為拉美西斯二世的皇后尼菲塔莉所興建的神廟。附帶一提，像阿布辛比勒神廟這樣，由法老王親自建造與自己的神廟並列的獻給皇后的神廟，無論是在拉美西斯二世之前或之後，都是空前絕後之舉。

偉大的拉美西斯二世
遺留下來的不朽建築

　　1958 年，亞斯萬水壩建設計畫中預定興建一座大型人工湖——納瑟湖，隨著水壩興建將帶來一場無法倖免的淹沒危機，當時聯合國世界遺產委員會為了搶救可能被淹沒的文化遺產，而發起救援募款活動，籌措進行遺跡遷移與保存的經費。當時的搶救工程；先將整個阿布辛比勒神廟群的山壁切割成總計 1036 塊、每塊約 20 ～ 30 噸大小的石塊，然後遷移到上方 64 公尺、110 公尺以西的位置上，再重新組裝石塊，整個遷移復建工程自 1963 年著手動工，歷時約 5 年才完工，工程十分浩大，不過透過這項搶救工程，世界遺產委員會的遺產保存活動獲得全世界的肯定，同時也讓阿布辛比勒神廟成為登錄為世界遺產的第一號文化遺產。

　　只可惜，由於預算和執行等諸多問題，結果仍有不少遺跡難逃淹沒於納瑟湖的惡運，或是像費拉島（Philae）那樣勉強得以倖免，而不被完全淹沒。此外隨著這座規模浩大的人工湖的完工，自古以來孕育埃及文明，每年氾濫的尼羅河也不再氾濫，而湖水所蓄藏的水蒸氣也改變了氣候，造成原本不會降雨的地區降雨量增加，進而產生遺跡遭受雨水侵蝕的問題，同時也伴隨對土壤的影響等問題。產生很多嚴重的後遺症，讓人無法等閒視之。

　　話雖如此，為了朝現代化發展，水壩的興建對當時的埃及而言，不論成敗與否都是勢在必行的決定。然而，在這裡建造宏偉神廟的拉美西斯二世，是否仍會繼續守護著這塊土地，一如他過去守護埃及三千年那般呢？

尼菲塔莉小神廟

　　這座由拉美西斯二世獻給皇后尼菲塔莉的小神廟，位在阿布辛比勒神廟北方約120公尺處，和大神廟一樣都是朝東鑿山壁打造而成，建築式樣以獻給哈托爾女神為主題，正面有兩尊尼菲塔莉站姿雕像，以及四尊分別陪伴在皇后像左右兩側的拉美西斯二世雕像，法老王與皇后雕像的大小一致，這在當時的埃及禮教上可算是破例之舉，由此可見此一神廟的特殊性。神廟內部則精緻雕刻著描寫尼菲塔莉接受哈托爾女神祝福的浮雕。從這裡可以看出，在拉美西斯二世的心中，皇后尼菲塔莉的地位有多重要！這座造型優雅的小神廟充分流露出拉美西斯二世對皇后尼菲塔莉的款款深情。

每年兩次晨光會映照在
眾神與拉美西斯二世像上

至聖堂

　　每年春秋各一天，從尼羅河對岸升起的晨光會直直照射進神廟甬道，直達至聖堂。堂裡供奉著卜塔神、當時的國家主神阿曼神、太陽神瑞荷拉克提神像以及拉美西斯二世雕像，當晨光慢慢地從拉美西斯二世像的臉慢慢移到太陽神瑞荷拉克提、阿曼神像上，頓時整個幽暗的岩洞呈現一股莊嚴神聖的氣氛，彷彿象徵著天地至尊的太陽神，正深深祝福著昇華為神的拉美西斯二世一般。

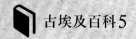

埃及文物中，
王名環的意義

只有法老王才配享有的特殊記號

古埃及遺跡內的壁畫或文物中經常可看到一些象形文字框在橢圓環內，這種橢圓環一般稱之為「Cartouche」，由於法國最早開始研究古埃及文字，所以是從法文文獻中直譯而來；法文意思為「藥盒」，在此譯作「王名環」，原來是以草繩圈出框紋，古埃及稱之為「Shen Ring（即一條線圈成一個圓之意）」。

橢圓環裡的記號主要是表示法老王名字。除了一部分的特例之外，基本上是法老王專用的特殊記號。換言之，如果在遺跡或遺物中發現到這類橢圓環，即代表環內的記號是法老王的名號。

橢圓環出現名號的方式，可能是建造遺跡時刻上法老王之名啦，或是法老王雕像、壁畫上出現法老王；有時是侍者或受寵妃子的遺跡遺像上刻著其所侍奉或受寵愛的法老王名號等等。

只要能解讀出橢圓環內的文字記號，就能知道是哪位法老王的名號。話雖如此，橢圓環內的記號不容易理解，不妨將它看作是一種「圖像」來解讀。

請仔細看看上面所列舉的王名環。例如一

開始的王名環，環內出現朱鷺圖、其下方有像「樹木」的圖案者，即代表「圖特摩斯」；若是圓盤下坐著人、旁邊有著和圖特摩斯同樣的「樹木」圖案者，即代表「拉美西斯」。

只要能夠將前面所介紹的埃及簡史、重要的法老王名字銘記在心，下次參觀埃及文物展或到埃及參觀遺跡時，相信一定會有更加深刻的理解與樂趣。

另外，埃及法老王的名號中，除了代表其為「太陽神之子」的誕生名，與代表其為「上下埃及統治者」的即位名之外，還有其他三個名號，總共有五個名號。一般耳熟能詳的「圖坦卡蒙王」、「拉美西斯王」等名，均為誕生名。若要辨認他們的名號，只要找到王名環上方繪有代表兒子之意的鴨子圖案以及日晷圖案，那就八九不離十了。

古埃及文字的字母，已經被相當程度的解讀了。建議不妨試著將自己的名字用埃及字母拼拼看，然後製作一個個人專屬的名環。在埃及的手工藝品店，就有不少仿製王名環的紀念品，有機會到埃及觀光時，不妨找個自己喜愛的法老王的名環，將它複製成紀念品吧。

即位名　　　　　誕生名

Amenhotep I　阿曼霍特普一世

同一人物會有不同的王名環嗎？

　　如同本文中所列舉的，即使是同一位法老王也可能會有好幾款不同的王名環。像這一塊王名環是阿曼霍特普一世所有，右方為其誕生名；左方為即位名。此外，本頁所列舉的王名環是一般比較常見的誕生名王名環，所以框內有和上面的阿曼霍特普王同樣的鳥形圖案。

主要的法老王
王名環

Cleopatra
克麗歐佩特拉

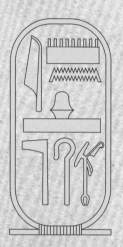

AmenhotepII
阿曼霍特普二世

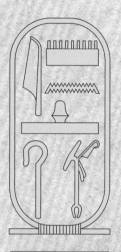

AmenhotepIII
阿曼霍特普三世

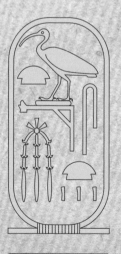

Tuthmosis IV
圖特摩斯四世

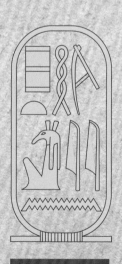

SetiI
塞蒂一世

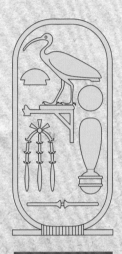

TuthmosisI
圖特摩斯一世

Hatshepsut
哈謝普蘇女王

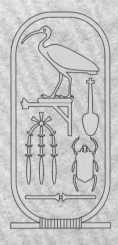

Tuthmosis III
圖特摩斯三世

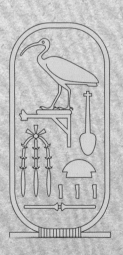

TuthmosisII
圖特摩斯二世

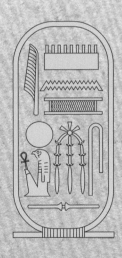

RamessesII
拉美西斯二世

Tutanchamun
圖坦卡蒙王

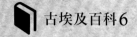

古埃及文字——
象形文字

神力賦予的高貴文字

古埃及象形文字其實不難理解！

眾所皆知，古埃及的圖像式文字稱為「Hieroglyph（象形文字）」。這個詞裡的「Hiero」＝「神聖的」、而「glyph」＝「銘刻」，字源出自希臘語。

刻著埃及象形文與希臘文的「羅塞塔石碑」的出土，讓法國的學者商博良（Jean-Francois Champollion, 1790～1832）花費畢生精力加以解讀，他的研究功績赫赫有名。在他的解讀過程中，始終將埃及象形文字視為「表意文字」來解讀，因而造成長時間學界一直執著於古埃及文字的「圖像意義」上。

其實古埃及象形文字中，具有類似像日語漢字作用的「表意文字」，以及類似日語五十音假名作用的「表音文字」兩種功能。而字詞的意思則藉由「定詞」的表記來加以定義。

舉例來說，日語中在書寫「タナカ」（發音：tanaka）這個姓氏時，自然會聯想到「田中」這個漢字。其中「田」和「中」兩個漢字原來都各有其意義。但是作為姓氏用的「田中」，既沒有「田」的意思，也沒有「中」的意思。換言之，日語漢字具有「表意」和「表音」兩種機能。這對只使用表音文字的歐美人來說，顯然很難理解個中的差異。

話雖如此，古埃及象形文字數量相當可觀，若想完全了解必須非常專業地去學習才行。對門外漢的我們而言，其實只要掌握一點大原則就行了。那就是，埃及人以為象形文字中潛藏著莫大的神力，視文字為神聖之物。

經過漫長的歷史發展，埃及文字也逐漸演變成作為傳遞訊息之用，為此發展出容易書寫的簡體字體，一為僧侶文體，一為通俗文體。不過古埃及人認為雕刻在神廟或陵寢中精美的象形文字具有魔力，而凡是銘刻著文字的雕像也同樣具有無比崇高的神聖力量。也許因為深信如此，所以時而出現因畏懼某法老王雕像的神力而刻意磨掉刻在雕像上頭文字的破壞行為。

此外，就埃及象形文字的性質來說，在雕刻象形文字時，為了增加設計美感，往往可從左、右、上方等方向任意記述，加上沒有標點符號可以明確區別句首或句尾。所以古埃及文字最大的特徵就在於，重視文字本身所具有的魔力與美感更甚於閱讀的實用性。

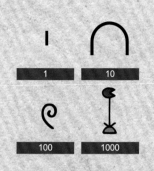

1	10

100	1000

數字的表記規則

古埃及象形文字的數字表記規則十分簡單，只要將上面所舉的記號加以組合即可。碰到倍數或多位數時，將位數多的表記在前。

決定詞義的關鍵字──「定詞」

古埃及象形文字在當表音文字用時，為了區分同音字，往往在文字後面加上所謂的「定詞」以區別字義，定詞不需特別發音。就像上面所列舉的象形文字表中，母音被省略掉了，因而產生很多同音字詞，這時候定詞就扮演了相當重要的作用。

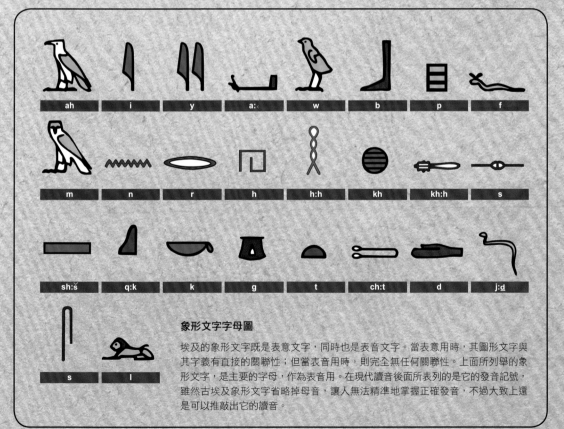

ah	i	y	a:	w	b	p	f

m	n	r	h	h:h	kh	kh:h	s

sh:ś	q:k	k	g	t	ch:t	d	j:d

s	l

象形文字字母圖

埃及的象形文字既是表意文字，同時也是表音文字。當表意用時，其圖形文字與其字義有直接的關聯性；但當表音用時，則完全無任何關聯性。上面所列舉的象形文字，是主要的字母，作為表音用。在現代讀音後面所表列的是它的發音記號，雖然古埃及象形文字省略掉母音，讓人無法精準地掌握正確發音，不過大致上還是可以推敲出它的讀音。

CG 製作記／人面獅身像的容顏

哈謝普蘇女王祭殿

　　要將鼻、鬍子、頭飾等嚴重風化的人面獅身像以電腦 CG 重現原貌，實在是非常困難的工程。所耗費的時間幾乎和卡納克神廟的重現作業差不多。重現作業的重點，除了要將右上圖中所見的眼睛、鼻梁等輪廓，按照各種角度正確呈現出來之外，還要將臉頰等風化掉的部分加以補正。

　　而重現作業的困難處則在於，我們已經看慣了被嚴重風化削平的人面獅身像，要克服刻板印象中沒有鼻子的顏面並加以復原，就顯得有點困難了。經過復原後，才發現原來人面獅身像的臉，真的具有獅子的模樣啊！本書中採用了一般認為人面獅身像的臉是紅色的說法而上了紅色，您覺得如何呢？

　　再者，要重現幾千年前所建造的遺跡，使其恢復原貌，最大的難處就在於缺乏建築物的平面圖。雖然有許多研究調查的資料可以參考，但是有關遺跡中房間大小、梁柱高低等資料，卻往往不見有科學性的統計資料，而參考書籍中所記載的圖片，也往往只是一些標記調查結果的資料而已。

　　面對諸如以上種種的困難，在逐一克服後，才終於完成此書。本書最大的目的是希望讀者在閱讀此書時，可以欣賞到埃及神廟等建築物在當初建造完成時的模樣，而非只是憑弔已經成為遺跡後的古埃及建築物。當然如果還想要感受更真實的震撼力，那就只能親自走一趟埃及，親臨現場實地體驗了。

這張圖是利用 3D 電腦繪圖的技術，重現卡納克神廟壁畫裡描述拉美西斯二世在位時所發動的卡德什戰役的場面，除了描繪建築外，還特別加入人物動態的想像圖，希望藉此多增添幾分臨場感。

知識叢書1047

來當一日埃及人
CG世界遺產 古代エジプト

作　　者　後藤克典、Office J.B

譯　　者　劉佩宜

主　　編　林芳如

編　　輯　謝翠鈺

企　　劃　林倩聿

美術設計　賴佳韋

設計協力　陳璿安

董 事 長
　　　　　趙政岷
總 經 理

出 版 者　時報文化出版企業股份有限公司

　　　　　10803台北市和平西路三段二四〇號七樓

　　　　　發行專線：（02）23066842

　　　　　讀者服務專線：0800231705,（02）23047103

　　　　　讀者服務傳真：（02）23046858

　　　　　郵撥：19344724 時報文化出版公司

　　　　　信箱：台北郵政七九~九九信箱

　　　　　時報悅讀網：http://www.readingtimes.com.tw

法律顧問　理律法律事務所 陳長文律師、李念祖律師

印　　刷　華展彩色印刷股份有限公司

二版一刷　2015年10月16日

定　　價　250 元

國家圖書館出版品預行編目(CIP)資料

來當一日埃及人／後藤克典、Office J.B作
；劉佩宜譯. -- 二版. --
臺北市：時報文化, 2015.10
面；　公分. -- (知識叢書；1047)
ISBN 978-957-13-6394-3 [平裝]

1.古埃及 2.文化遺址 3.電腦繪圖

761.3　　　　　　　　　104017708

KODAI EGYPT

© Futabasha 2005
All rights reserved.
First published in Japan in 2005 by Futabasha Publishers Ltd., Tokyo.
Chinese translation rights arranged with Futabasha Publishers Ltd.
Through Future View Technology Ltd.

ISBN 978-957-13-6394-3
Printed in Taiwan